発達障害を考える
心をつなぐ

発達の気になる子の
学習・運動が楽しくなる

ビジョントレーニング

視機能トレーニングセンター
Joy Vision 代表
米国オプトメトリー・ドクター
北出勝也 監修

ナツメ社

> ビジョントレーニングに
> はじめて出合う方へ ❶

1 書(描)く力

- 文字や図形を正しく、形を整えて書(描)ける
- マス目や行からはみ出さずに書ける
- 短い時間で板書を写すことができる
- 筆算のとき、数字の位をそろえて書ける

2 読む力

- 文章を正しく、スムーズに読める
- 読み飛ばしや読み間違いをせずに音読できる
- 文章の意味を正確に把握できる
- 算数の文章問題を理解して、正しく解ける

> 読み書きや運動などの
> 苦手を感じているお子さんに

ビジョントレーニング で

3 作る力（手先の器用さ）

- 直線や曲線の上をはさみで切ることができる
- 定規を使って正しく長さを測ったり、きれいに線を引いたりできる
- 紙を折ったり、ひもを結んだり、手先を使った作業が苦手でなくなる

4 運動する力

- 飛んでくるボールを上手にキャッチできる
- ボールをラケットやバットで打つことができる
- ジャングルジムやうんていなどの遊具を怖がらなくなる
- 先生のお手本通りにダンスや体操ができる

育つ 7つの力

ビジョントレーニングは、視覚機能（見る力）を高めるためのトレーニングです。トレーニングを続けて、視覚機能がアップすると、次のような7つの力が身につきます。

5 集中力・注意力

- 授業の間、勉強や作業に集中できる
- 長い時間、読書を続けられる
- 整理整頓ができる
- ものにつまずいたり、ぶつかったりすることが減る

7 イメージ力

- 文字や図形の形を正しく把握できる
- 見本となるパズルの形を見て、同じようにつくることができる
- 上下左右を正しく認識できる
- ものとの距離感を理解して、スムーズにつかんだり、よけたりできる

6 記憶力

- 数字や漢字を正しく覚えられる
- 覚えた文字をすぐに思い出せる
- 方向感覚が身につき、目的地までの道順を覚えられるようになる
- 探しものや忘れ物が減る

ビジョントレーニングに
はじめて出合う方へ❷

ビジョントレーニング って どんな

1 眼球運動トレーニング

見たいものを眼でとらえ、すばやくピントを合わせるためのトレーニング。

追従性(ついじゅうせい)眼球運動のトレーニング

めいろのような線や動くものを眼で追う練習をします。

跳躍性(ちょうやくせい)眼球運動のトレーニング

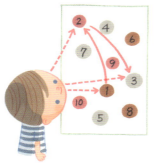

行の終わりから次の行の先頭へ視線を移すように、眼をすばやく動かす練習をします。

こんな効果が
・文章をつかえずに読める
・板書を写すスピードがアップする

こんな効果が
・文字を書き順通りきれいに書ける
・手先が器用になる

両眼のチームワークのトレーニング

右眼と左眼を真ん中に寄せたり、離したりして、すばやく対象物に焦点を合わせる練習をします。

こんな効果が
・ものがはっきり見えるようになる
・眼が疲れにくくなる

ことをするの？

見る力を高めるトレーニングには、大きく分けて3つの種類があります。この3つのトレーニングによって、「眼で対象物をとらえる」「脳で認識する」「体を動かす」という一連の機能が高められます。

2 視空間認知トレーニング

眼で見たものの形や色、距離感を正しく認識するためのトレーニング。

見本と同じ形を描いたり、パズルで再現したりといった訓練をします。

こんな効果が
・字や図形を正しく書（描）けるようになる
・記憶力がよくなる

3 眼と体のチームワークトレーニング

ボールをキャッチするなど、眼からの入力情報に合わせて、思う通りに体を動かすトレーニング。

こんな効果が
・球技やダンスが上手になる
・手先が器用になる

見本と同じように体を動かしたり、動く目標物にタッチしたりといった訓練をします。

> ビジョントレーニングに
> はじめて出合う方へ ❸

家庭や学校で楽しく取り入れられる
32のトレーニングを紹介

ビジョントレーニングは、毎日楽しみながら続けることが大切です。この本では、子どもたちが途中でいやになったり、飽きてしまわないよう、遊び編と読み書き・学習編に分けて、さまざまなトレーニングを紹介しています。

特徴 1 遊びながらトレーニングできる

家庭や学校生活の中で、遊びながら見る力を高められるトレーニングを数多く掲載しています。パズルやボールを使ったり、ダンスのように体を動かしたり、子どもが興味をもって取り組める内容になっています。

「これでいい？」

「先生の動きをまねしてね」

「今度は何の形をつくろうかな？」

▶遊び編 51ページへ

特徴 2 ワークシートで繰り返しトレーニングできる

繰り返しトレーニングできる、めいろや数字表などのワークシートを使って行うトレーニングも紹介しています。ワークシートは、子どものレベルや好みに合わせてアレンジしやすく、繰り返し行えるのが特長です。

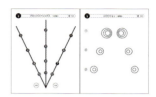

別冊のワークシートつき

この本には別冊として、コピーして使えるワークシートがついています！

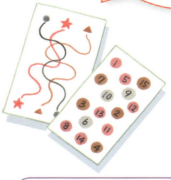

▶読み書き・学習編　89ページへ

プラスα アドバイス

見る力を高める生活習慣も紹介

この本ではビジョントレーニング以外にも、生活の中で心がけたい「見る力をアップさせる習慣」を紹介しています。例えば、「お手伝い」。掃除や料理などは、眼と体を同時に使うので、視覚機能が鍛えられます。そのほか、普段の遊びや運動など、ちょっとした工夫で、子どもの見る力を向上させることができます。生活の中に取り入れてトレーニングと合わせて続けると、さらに効果的です。

▶日常生活の中でできること　48ページへ

> ビジョントレーニングに
> はじめて出合う方へ ❹

どんな効果があるの？

実例紹介

正しくビジョントレーニングを続けると、2-3ページで紹介したようなさまざまな力が育ち、生活や学習において目に見えて効果があらわれます。ここでは特に変化がわかりやすい「書(描)く力」がどのくらい成長するか、その実例をご紹介しましょう。

● Aさん(小学校3年生)の場合

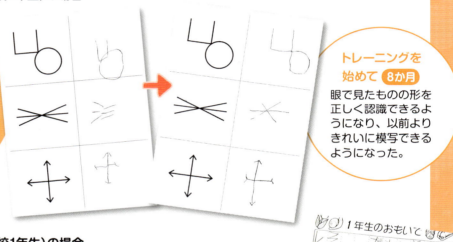

トレーニング前
形を見本通りに模写するのが苦手だった。特に線が交差している部分を理解しづらい状態。

トレーニングを始めて 8か月
眼で見たものの形を正しく認識できるようになり、以前よりきれいに模写できるようになった。

● Bさん(小学校1年生)の場合

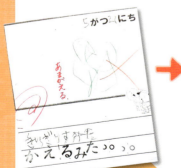 

トレーニング前
絵も、字もまったく書(描)けない状態。名前も書けなかった。

トレーニングを始めて 2か月
何を描いているかわかるくらい絵が上達。

トレーニングを始めて 半年
ひらがなも、カタカナも正しく書けるようになった。

はじめに

　私が米国の大学院で検眼学（オプトメトリー）を学び、帰国したのが15年前です。当時から米国やヨーロッパではオプトメトリストという検眼の専門家が国家資格として認められていて、視覚機能の弱さをもっている子どもや年配の方、またはスポーツ選手がビジョントレーニングを行っていましたが、日本ではほとんど知られていませんでした。

　それでも、留学から戻った私が視機能トレーニングセンターの活動を始めると、徐々にですが家庭や教育現場でも実践されるようになっていきました。それだけ、日本にも視覚機能で悩む人たちが大勢いたということです。

　さらに、視覚機能の弱さをもった人は以前よりも、増えているように思います。昔よりも屋外で体を動かしたり、積み木や砂場でものをつくったりする遊びが減り、屋内で小さいゲーム機を使って遊ぶ機会が増えたことが原因の一つだと思います。眼と体を大きく動かしたり、ものを見てふれたりする体験が少ないと、視覚機能が発達しにくいのです。

　視覚機能が発達する前に小学校に入った子どもたちは字が読みにくい、書きづらいという理由で学習に対する自信をなくし、勉強が嫌いになってしまうことがあります。しかし、こういった視覚機能の未熟さは、トレーニングで改善できます。またその結果、不登校だった子どもが学校に元気に通えるようになったり、友だちと仲よく遊べるようになったりする場合もあります。視覚機能が改善すれば、こういった副次効果も期待できるのです。

　この本の中ではご家庭や学校で実践できるトレーニングを紹介しています。1日5分、あるいは1日2〜3分でもいいので、遊び感覚で楽しく行うのが続けるコツでしょう。子どもたちの苦手なことを減らし、できることを増やして、元気に楽しく勉強や運動に取り組めるようにするのが私の目標です。そのために、さらにビジョントレーニングを実践するご家庭や学校が増えていくことを願っております。

視機能トレーニングセンター Joy Vision（ジョイビジョン）代表
米国オプトメトリスト
北出　勝也

この本の特色と使い方

この本では、PART 1で視覚機能（見る力）について、PART 2でビジョントレーニングの効果や取り入れ方について解説しています。PART 3では遊び感覚で取り組めるトレーニングを、PART 4ではワークシートを使って書いたり、読んだりするトレーニングを紹介しています。まずはPART 1・2で視覚機能やビジョントレーニングについて知っていただいてから、トレーニングを始めるとより効果的です。

PART 3・PART 4 トレーニングの紹介ページ

トレーニングのレベル
トレーニングはすべて基礎編・応用編に分かれています。まずは基礎編から行って、うまくできるようになったら応用編にチャレンジしましょう。

トレーニングの内容
トレーニングのおおまかな内容を説明しています。

トレーニングのやり方
トレーニングの手順や注意点、声かけのアドバイスなどを具体的に説明しています。

アレンジ・アイデア
トレーニングに慣れてきたとき、飽きがこないように変化をつけるためのアレンジ法を紹介しています。

もくじ

ビジョントレーニングにはじめて出合う方へ

ビジョントレーニングで育つ7つの力 ……………………… 2

ビジョントレーニングってどんなことをするの？ ……………… 4

家庭や学校で楽しく取り入れられる32のトレーニングを紹介 ………… 6

どんな効果があるの？　実例紹介 ………………………… 8

はじめに ……………………………………………………………… 9

この本の特色と使い方 …………………………………………… 10

PART 1
「見えづらさ」によって困難を抱える子どもたち

読むこと・書くこと・運動が苦手　「見えにくさ」が原因かも ……… 16

「見えにくさ」を抱える子どもたちとは ……………………… 18

見るために必要なすべての機能＝「視覚機能」………………… 20

見る力に必要な機能① 「眼球運動」……………………… 22

見る力に必要な機能② 「視空間認知」……………………… 24

見る力に必要な機能③ 「眼と体のチームワーク」…………… 26

見る力を調べるにはどんな検査が必要？ …………………… 28

子どもの見る力を調べる簡単チェックテスト …………………… 30

Column トレーニングを始める前に視力のチェックを ………… 34

PART 2
ビジョントレーニングで「見る力」を育てる

視力ではなく「視覚機能」が向上する ……………………… 36

ビジョントレーニングの3つの種類と効果 …………………… 38

ビジョントレーニングの効果的な取り入れ方 学校編 ……………… 40

ビジョントレーニングの効果的な取り入れ方 家庭編 ……………… 42

トレーニングの効果をアップさせる指導法 …………………… 44

トレーニング前に行おう！　眼のウォーミング・アップ ………… 46

Column 見る力をアップさせる習慣〜日常生活の中でできること〜 ……… 48

PART 3 実践！ビジョントレーニング 遊び編

遊びながら楽しくトレーニング ……………………………………… 52

① **キョロキョロ運動** …………………………………………… 54
② **コロコロキャッチ** …………………………………………… 56
③ **お手玉タッチ** ………………………………………………… 58
④ **洗濯ばさみゲーム** …………………………………………… 60
⑤ **ブロックストリングス** 別冊シート 1.2 62
⑥ **3Dビジョン** 別冊シート 3.4 64
⑦ **テングラム・パズル** 別冊シート 5.6.7 66
⑧ **スティック・パズル** 別冊シート 8.9.10 68
⑨ **トランプ・メモリー** ………………………………………… 70
⑩ **仲間で分けよう** ……………………………………………… 72
⑪ **折り紙チョキチョキ** ………………………………………… 74
⑫ **リングタッチ** ………………………………………………… 76
⑬ **じゃんけん体操** 別冊シート 11.12 78
⑭ **まねっこゲーム** 別冊シート 13.14 80
⑮ **矢印体操** 別冊シート 15.16 82
⑯ **バランス綱渡り** ……………………………………………… 84
⑰ **発音カード** …………………………………………………… 86

Column 「見えにくさ」を補う便利グッズを上手に使おう ……………… 88

PART 4 実践！ビジョントレーニング
読み書き・学習編

ワークシートで繰り返しトレーニング ……………………………… 90

- ⑱ 線なぞり …………………………… 別冊シート 17.18　92
- ⑲ 線めいろ …………………………… 別冊シート 19.20　94
- ⑳ ひらがなランダム読み …………… 別冊シート 21.22　96
- ㉑ 数字ランダム読み ………………… 別冊シート 23.24.25.26　98
- ㉒ 数字探し …………………………… 別冊シート 27.28.29　100
- ㉓ ひらがな表 ………………………… 別冊シート 30.31.32　102
- ㉔ 仲間を探せ❶ ……………………… 別冊シート 33.34　104
- ㉕ 仲間を探せ❷ ……………………… 別冊シート 35.36.37　106
- ㉖ 数字レース ………………………… 別冊シート 38.39　108
- ㉗ ３つの言葉 ………………………… 別冊シート 40.41.42.43　110
- ㉘ どこにいるかな？ ………………… 別冊シート 44.45　112
- ㉙ 形のかけら ………………………… 別冊シート 46.47　116
- ㉚ 形と順番の記憶 …………………… 別冊シート 48.49　118
- ㉛ 形と場所の記憶 …………………… 別冊シート 50.51　120
- ㉜ 点つなぎ …………………………… 別冊シート 52.53.54.55.56　122

ビジョントレーニングのカリキュラム例 学校編 ……………………… 126
ビジョントレーニングのカリキュラム例 家庭編 ……………………… 128
効果的にトレーニングするために　ビジョントレーニングQ＆A ……… 130
視覚機能の専門家がいる機関 ……………………………………… 135

PART 1

「見えづらさ」によって困難を抱える子どもたち

学習や日常生活において苦手や困難を感じる子どもの中には、視覚機能に問題がある子がいます。そのような子どもたちに効果を発揮するのがビジョントレーニングです。PART 1 では、ビジョントレーニングを必要とする子どもたちが抱える見ることの悩みや、見ることのしくみなどについて見ていきます。

読むこと・書くこと・運動が苦手
「見えにくさ」が原因かも

視力がよくても、ものが見えにくいことが原因で、読み書きや運動、生活面に困難が生じることがあります。子どもにこんな様子は見られませんか？

視力がよくても「見えにくい」ことがある

「ものが見えにくい」というと、近視や遠視など視力の問題と考える人が多いでしょう。しかし、視力検査では問題がないのに、音読をすると同じ行を何度も読んでしまう、板書を写すのに非常に時間がかかる、文字が二重に見えるといった悩みを抱える子どもがいます。

実は見るためには、視力だけでなく、見たいものに視線やピントを合わせたり、形や色を見分けたり、また、見たものを脳で処理して体を動かしたり、さまざまな能力が必要です。これらすべての「視覚機能」が正常に働いてはじめて、ものを正しく、はっきりととらえることができるのです。

もし、視力はいいのに、右ページのような様子が見られる子がいたら、それは「視覚機能」に何らかの問題があるのかもしれません。

気づかれにくい「見えにくさ」の問題

見えにくさの問題がやっかいなのは、本人も周りの大人も、それに気づきにくいところです。本人は、他人と見え方を比べることができませんし、小さいころからその状態で生活しているので、見え方がおかしいと自覚するのは難しいでしょう。

周りの大人も、読み書きや運動に問題があっても「勉強の苦手な子」「不器用な子」ととらえ、「できないのは、努力が足りないからだ」と誤解して間違った指導をすることが少なくありません。万が一、その子の見え方で気になる様子があったとしても、「この子は、視力が悪いのかな」と、視力の問題だと考える人がほとんどです。

見えにくさを引き起こす視覚機能の問題は、まだ十分に知られていませんし、検査や診断ができる専門家も日本にはごくわずかです。そのため、医師などの専門家でも問題に気づかないことも。しかし、だれかが子どもの異変に気づき、適切な訓練（ビジョントレーニング）を始められれば、効果は必ずあらわれます。何歳であっても手遅れということはないのです。

PART 1 「見えづらさ」によって困難を抱える子どもたち

同じ行を何回も読んだり、
読んでいる場所がわからなくなったりする

文字が読めないほど汚かったり、
マスからはみ出したりする

頭を動かしながら
本を読む

板書を写すのに
異常に時間がかかる

**こんな様子が
見られたら
「視覚機能」の
問題かも！**

手先が不器用で、おはしや
はさみをうまく使えない

集中して見ることが苦手で、
話を聞くときに、たえず視線を動かす

ものや人に
よくぶつかる

投げられたボールを
うまく受け取れない

ビジョントレーニングが必要

適切にトレーニングを行って、視覚機能がアップすれば、以上のような
「見えにくさからくる」さまざまな悩みも次第に解決していく

「見えにくさ」を抱える子どもたちとは

「ものが見えにくい」という症状をもつ子どもには、一定の特徴が見られます。
その傾向や症状を、詳しく見ていきましょう。

POINT 背景に発達障害があることも

ものを見る力は、生まれつき備わっているものではありません。生まれてから徐々に発達し、6歳くらいまでにその基礎ができあがります。さまざまなものを見たり、触ったり、体を動かしたりする経験を通して学習し、見るために必要な機能を身につけていくのです。ところが、何らかの理由で必要な機能の発達が遅れたり、偏ったりする子どももいます。特に発達障害と「見えにくさ」の関連はよく知られています。

発達障害（発達凸凹）とは、生まれつき脳の発達や働き方に偏りがあり、生活や学習など、日常生活に支障をきたす状態をいいます。自閉症スペクトラム障害、注意欠如・多動性障害、学習障害などのタイプに分けられますが、同時に2つのタイプの症状をもつ子どももいます。同じ診断名であっても、症状のあらわれ方には個人差があり、なかには、見る力が弱く、視覚機能に問題がある子もいます。

視覚機能の異常は、発達障害と診断されていない子に見られる場合もありますが、発達障害をもつ子に、より多いとされています。

POINT 少なくなっている見る力を育てる機会

発達障害がない子だからといって、見る力に問題がないとはいい切れません。見る力をはぐくむ経験、例えば空や遠くの山を見る機会や、ボール遊びや追いかけっこなどの遊びの経験がなければ、発達に遅れが出てきます。

今の子どもたちは、昔に比べてそういった外で体を使って遊ぶ場面が減り、反対に室内でテレビを見たり、ゲームをしたりすること

が増えています。そのため、近くと遠くを交互に見たり、動くものを眼で追ったりなど、見るための機能を訓練する機会が少なくなっています。こういった生活習慣が見る力の発達を妨げ、見えにくさの問題を引き起こす場合もあります。発達障害がなくても、発育環境によって視覚機能の発達に影響が出ることもあると知っておきましょう。

● 子どもの見る力が育ちにくい理由

子ども同士で遊ぶ時間の減少

子どもの習い事の増加、また子どもだけでは外出できないような危険な場所が増えたことなどによって、子どもが友だち同士で遊ぶ機会が減っている。

遊ぶ場所の減少

空き地や草原、ボール遊びができる公園など、子どもが体を動かして遊ぶ場所が減っている。

室内遊びの増加

環境の変化によって、子どもの興味も変わり、屋外で体を動かして遊ぶよりも、室内でゲームをしたり、テレビやDVDを見たりして遊ぶ子どもが増えている。

↓

眼と体を大きく動かす機会が少ない

↓

見る力が十分に育たない可能性も

---

memo

子どもが感じている「見えにくさ」とは？

　見る力の弱い子どもたちが抱える「見えにくさ」は、一人一人違います。例えば、ものが二重に見えたりぼやけて見えたり、見たいものにすばやく視線が合わせられないこともあります。また、形を覚えるのが苦手なケースや、距離感がとらえられない場合もあるでしょう。さらに、見た文字を読んだり、見たものをつかんだりするのが苦手など、眼で見て得た情報に合わせて体を動かすのが不得手な場合もあります。こういった症状があるため、17ページのような支障があらわれるのです。

　「見えにくさ」を抱えた状態を放っておくと、努力しても結果が出ないため、「どうせ、自分は勉強ができないんだ」「運動は苦手だ」と思い、意欲を失ってしまいます。そして、ますます発達が遅れるという悪循環に陥ってしまいます。そうならないために、なるべく早く、見る力を育てる訓練（ビジョントレーニング）を始めるべきでしょう。それが子どものやる気や自信を育てることにもつながります。

見るために必要なすべての機能 ＝「視覚機能」

ものを見るためには、視力を含めた「視覚機能」という複合的な機能が必要です。視覚機能は大きく3つの働きに分けることができます。

POINT　見るための機能は視力だけではない

　見るために必要な機能はさまざまありますが、まず思い浮かべるのは視力でしょう。視力とは、眼に映った画像を鮮明にとらえる能力のことで、視力検査では、切れ目のある輪（ランドルト環）を使って調べます。この検査法からもわかる通り、視力は止まっているものの単純な形を見分ける力です。

　そして、生活の中では、動くものを眼で追ったり、2つのものを見比べたりするなど、視線を動かしながらピントを合わせる力（眼球運動）も必要です。

　また、眼でとらえた情報を脳へ送り、そのものを把握する力（視空間認知）、必要に応じて適切に体を動かす力（眼と体のチームワーク）も必要です。例えば、飛んできたボールが視界に入っても、それをよけられないのであれば、「見える」とはいえないのです。

　「視覚機能」とは、これらを総称したものです。機能が一つでも欠ければ、見る力は弱くなり、見えにくさを引き起こしてしまいます。

● 「視覚機能」とは

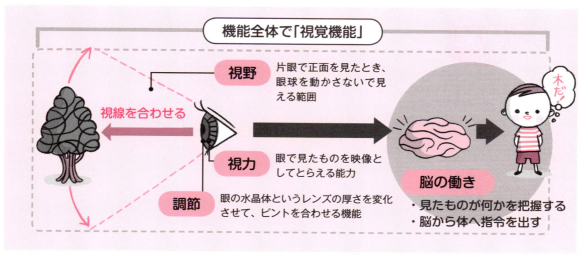

●「視覚機能」は3つのプロセスに分けられる

20ページで紹介したような「視覚機能」は、大きく3つの働き、プロセスに分けられます。最初に、見たものを効率よくとらえて眼に取り入れる「入力」の機能、眼からの情報を脳で分析し把握する「情報処理」の機能、処理した情報をもとに、的確に体を動かす「出力」の機能の3つです。この3つのプロセスがうまく連動しなかったり、一つでも欠けたりしてしまうと、「見えにくさ」が生じて、日常生活に支障があらわれます。

●「視覚機能」の3つのプロセス

入力 眼で映像をとらえる → **情報処理** 見たものを認識する → **出力** 見たものに合わせて体を動かす

人は、最初に眼でものをとらえ、映像を取りこみます（入力）。このときに働くのが、視力、ピントを合わせる調節機能、そして「眼球運動」です。眼球運動とは、眼球を動かし、見たいものにすばやく視点を合わせたり、動きを追ったりする眼の動きのことです。

眼でとらえた映像は、その段階では点や線、色といった情報でしかありません。眼から入った情報は脳へ送られ、どんな形や色であるのか分析され、そのものの空間的な位置も認識します（情報処理）。このように、見たものの形や状態を認識することを「視空間認知」といいます。

眼で見たものが何であるか、どんな状態かを把握したら、それをもとに、体が適切に動くよう、脳が指令を出します（出力）。視覚情報と体の動きは連動していて、そのため、眼で見たものを正確に手に取ったり、よけたりすることができるのです。このような視覚と運動を結ぶ一連の機能を「眼と体のチームワーク」と呼びます。

見る力に必要な機能①
「眼球運動」

「入力」「情報処理」「出力」で重要な役割を担う機能がそれぞれあります。「入力」にかかわる機能である「眼球運動」はトレーニングによって向上させることができます。

POINT 見るプロセスの入り口・3つの眼球運動

私たちがものを見ようとするとき、眼球は無意識のうちに、すばやく動いています。このような眼球運動は、大きく3つの働きに分けられます。まずは、ものを見るために、眼を動かして視線を対象物に合わせる「追従性眼球運動」、そして「跳躍性眼球運動」です。

また、視線を合わせると同時に、左右の眼を一緒に動かして焦点をしぼる機能も働いています。この眼球運動を「両眼のチームワーク」と呼びます。

1 ものを眼で追う動き 追従性眼球運動

動いているものや、本に書かれた文字、線などを、眼でなめらかに追いかける運動のこと。また、1点をじっと見ることも、動きがゼロの追従性眼球運動になります。

対象物をしっかり眼でとらえるには、見たいものに合わせて正確に眼だけを動かす必要があります。それができないと視線を正しい位置に維持できず、途中で対象物を見失い、眼と体のチームワーク（26ページ参照）も行えなくなります。

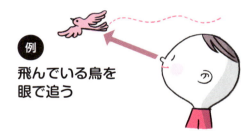
例 飛んでいる鳥を眼で追う

例 書き順を眼で追う

例 ものをじっと見る

この働きが弱いと……
・本を読むとき、文字を読み飛ばす
・文字をきれいに書けない
・はさみを使って切ったり、折り紙を折ったりするのが苦手　など

2 視線をジャンプさせる動き
跳躍性眼球運動

ある1点から別の1点へ、視線をジャンプさせる眼球運動のこと。追従性眼球運動のようにゆっくりではなく、すばやく眼を動かして、対象物をとらえる必要があります。身の回りにあふれている多くのものの中から、早く、正確に自分が必要な視覚情報だけを得るためには、この跳躍性眼球運動が重要です。

この働きが弱いと……
・本を読むとき、行や文字を読み飛ばす
・板書を写すのが遅く、うまくできない
・球技が苦手 など

例 黒板とノートを交互に見る

例 人ごみの中から人を探す

例 本の文字を目で追い、行の最後から新しい行の先頭へ視線を移す

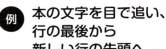

3 両眼を寄せたり離したりする動き
両眼のチームワーク

私たちは左右2つの眼を使ってものを見ます。このとき、近くのものを見る場合は両眼を真ん中に寄せ（寄り眼）、遠くのものを見る場合は両眼を離し（離し眼）、焦点を合わせています。これを両眼のチームワークといいます。この動きがうまくできないと、ものが二重に見えたり、ものとものが重なって見えたりします。また、距離感や立体感もつかみづらくなります。

近くのものを見るとき （寄り眼）

遠くのものを見るとき （離し眼）

この働きが弱いと……
・ものが二重に見える
・よくものにぶつかる
・眼が疲れやすい など

PART 1 「見えづらさ」によって困難を抱える子どもたち

見る力に必要な機能②
「視空間認知」

次に、「情報処理」に必要な「視空間認知」機能です。
眼から入った情報を処理して、見たものの全体像を把握する働きがあります。

POINT 　**記憶力や運動能力**にも関係する機能

　眼でとらえた映像は、神経を通って脳に送られ、それが何であるか認識できるようになります。この脳の働きが「視空間認知」です。視空間認知によって、ただの点や線だった情報が、一つの形として具体的にイメージされるわけです。

　そのイメージが鮮明であればあるほど、体が反応しやすくなりますし、複雑な形も覚えられるようになります。
　視空間認知は、運動機能（眼と体のチームワーク／26ページ参照）や記憶力にも関係する重要な機能といえるでしょう。

1 図と地を区別する働き

　何かものを見るとき、その対象物（図）と背景（地）を区別する働きです。ノートの上にのった鉛筆や消しゴムを取ったり、教科書の中から特定の単語を探し出したりできるのも、この働きのおかげです。目に入るすべてのものから、ほしい視覚情報だけを得るために必要な働きです。

この働きが弱いと……
・本屋で本を探すなど、探しものが苦手
・よくものをなくす
・よく道に迷う　　　　　　　　　　など

見たいものと背景を区別できる

町中で必要な情報だけを見るのも、図と地が区別できているから

2 形や色を把握する働き

眼から入った情報を分析して、その形の輪郭や色を認識する働きです。この働きによって、同じ形（色）のもの、違う形（色）のものも区別できるようになります。

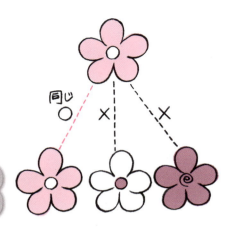

> この働きが弱いと……
> ・図形の問題が苦手
> ・お絵かきやぬり絵が苦手　　など

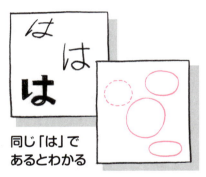

同じ「は」であるとわかる

どれも「円（の仲間）」であるとわかる

3 仲間を見分ける働き

これも形を見分ける働きの一つ。ものの大きさや色、位置などに左右されず、同じ形を「同じだ」と認識することです。例えば、「よ」と「ょ」が同じ文字であると認識できるのも、この働きがあるからです。

> この働きが弱いと……
> ・文字の形をなかなか覚えられない
> ・人の顔を覚えるのが苦手　　など

4 空間的な位置を把握する働き

眼で見たものを立体的に把握し、自分との距離や大きさ、上下・左右などを認識する働きです。ものをよけて歩いたり、ものをつかんだりするために必要です。

> この働きが弱いと……
> ・よく人やものにぶつかる
> ・球技が苦手
> ・着がえに時間がかかる　　など

見る力に必要な機能③
「眼と体のチームワーク」

最後に「出力」に関する能力である「眼と体のチームワーク」です。
眼で見て、脳で認識された情報をもとに体を動かすために必要な機能です。

POINT 「見る」と「体を動かす」は連動している

　人は五感を使って外の世界の情報を収集し、それをもとに行動していますが、その情報の80％以上は、眼から得たものだといわれています。日常生活の行動を考えてみても、はしで食べ物をつかむ、障害物をよけて歩く、ノートに文字を書く……、これらはすべて視覚情報をもとに、体を動かしていることがわかります。私たちが適切に体を動かすためには、「眼で情報を得る」→「脳が判断・指令を出す」→「体を動かす」という連携が必要なのです。このような眼と体が連動する機能を「眼と体のチームワーク」といいます。

　生まれたばかりの赤ちゃんにはまだこの機能はなく、「見る」と「動く」につながりはありません。それが成長するにつれ、眼に入ったものに手を伸ばすようになり、6～8か月

● 眼と体が連動するプロセス

ごろには、周りのものを手に取ったり、引き出しを開けたりするようになります。さらに、立って歩けるころになれば、転がしたボールを受け止めたり、積み木を積み重ねたりすることもできるようになります。そうやって眼で見て、手や体を使う経験を積み重ねて、徐々に眼と体のチームワークを高めていくのです。

この機能が高まれば、飛んできたボールをよけるなど、眼に入ったものにすばやく反応できるようになりますし、手先を使った細かい作業も上手にできるようになります。運動神経がよい、器用だといわれる人は、眼と体のチームワークがうまく働いていると考えられます。

またこの機能は、眼で見たものを言葉として発するときにも関係しています。例えば音読も、眼から得た文字の情報をもとに、脳からあごや舌などを正しく動かして行いますから、眼と体の連携が必要です。

> **memo**
>
> ## 体を動かすために必要な「ボディイメージ」
>
> 自分が思った通りに体を動かすには、眼と体のチームワークと同時に、正しいボディイメージももっていなければなりません。ボディイメージとは、自分の体の部位やその大きさ、長さ、動かし方などを細かく頭の中に描く能力で、ボディマップともいわれます。これがないと、体の動きがぎこちなかったり、ものと体の距離感がうまく測れなかったりします。そのため、ものや人に頻繁にぶつかったり、なわとびや鉄棒など道具を使った運動やダンスが不得意になったりします。
>
> ボディイメージを高めるためには、繰り返し体を動かすことが重要です。そのとき、体のどこをどう動かすとよいのかを意識しながら行うとよいでしょう。

PART 1

「見えづらさ」によって困難を抱える子どもたち

体の働き＝止まる

止まる

脳から送られた指令に従って体が動き、横断歩道を渡らずに立ち止まる。

この一連の動きを、人は無意識に、瞬時に行っています。この機能がうまく働いていないために、苦手を感じることがたくさんある子もいます。

ただ「まねして」と言うのではなく、どこをどのように動かすのか、具体的に伝えられるとよい。

この働きが弱いと……
・文字をきれいに書けない
・手先が不器用
・球技やダンスが苦手
　　　　　　　　など

見る力を調べるには
どんな検査が必要?

総合的な見る力をチェックするために、各専門家によってさまざまな検査が行われています。
気になる様子があれば、眼科検査に加え、以下のような検査を受けるとよいでしょう。

POINT　眼科の検査だけでは不十分

　眼に関する検査というと、まず、眼科で行われる検査を思い浮かべる人が多いでしょう。一般的に、眼科検査では、視力のほか、眼の病気がないかどうか調べることができます。

　例えば、視覚障害の有無を調べる検査。視覚障害とは、めがねやコンタクトレンズなどで視力を矯正しても、視力や視野があまり改善しない状態をいいます。このほか、眼振という無意識に眼球が揺れてしまう現象がないか、斜視はないか、眼球や視神経などに異常はないかといった検査も行います。

　以上のような眼科検査では、もちろん見る力全体を調べることはできません。同時に、視覚機能検査や心理検査を行い、総合的に診断する必要があります。

---

memo

視力だけじゃない！ 視覚の専門家「オプトメトリスト」とは？

オプトメトリストは視力だけでなく、総合的な見る力の検査やトレーニングを行います。

　アメリカやヨーロッパ、アジアのいくつかの国には、「オプトメトリスト」という視覚の専門家がいて、国家資格として認められています。日本では検眼医、検眼士と訳されますが、その仕事は眼の検査だけにとどまりません。アメリカのオプトメトリストは、クリニックを開業し、めがね・コンタクトレンズの処方、斜視や弱視のケアのほか、視覚機能の検査やトレーニングを担当しています。

　日本では、国家資格として認められてはいませんが、最近はその存在が注目されるようになってきました。アメリカの大学院で勉強し、オプトメトリストの資格を取得した専門家もいます。

POINT 専門家が行う「視覚機能検査」

　総合的な見る力を調べるために、最も重要なのが、視覚の専門家が行うさまざまな視覚機能の検査です。眼球運動や視空間認知など、見るために必要な機能の状態を調べることができます。日本で行われている主な検査は以下の4つです。

● 主な視覚機能の検査

DEM
跳躍性眼球運動の正確さを測定するテスト。数字が書かれた表を音読し、かかった時間と読み間違いを記録する。

MVPT-Ⅲ
複数の図形を使って、形の分類、図と地の区別、形の短期記憶などができるかを調べる検査。

近見・遠見視写検査
数字の書かれた表を書き写す検査で、かかった時間と修正箇所、間違っている箇所を記録する。表を手元に置いて行う「近見」と、壁に貼って行う「遠見」がある。

視覚認知検査 WAVES（ウェーブス）
2014年に新しくできた検査。視覚機能を総合的に調べて総合指数を算出し、同年齢の子どもとの比較ができる。また、個人の得意・不得意もわかるようになる。

※ DEM、MVPT-Ⅲは米国人のデータをもとにした検査です。

　このほかに、専門家が対面して眼球運動をチェックする検査や、ブロックを使って手先の運動機能を調べる検査などもあります。こういった専門的な視覚検査が行える施設は、日本にはあまり多くありませんが、徐々に増えてきています（135ページ参照）。

POINT 発達障害の状態がわかる「心理検査」

　心理検査は、心や体の発達状態や、行動の特徴を調べるための検査です。発達障害の子どもの症状を知るためにも用いられ、小児神経科や発達小児科などで受けられます。

　具体的にはいくつかの検査がありますが、よく行われるのがウエクスラー式知能検査（WISC・ウィスク）です。世界中で広く利用されている児童用の知能検査で、言語と聴覚の能力、視覚と運動の能力が調べられます。

　また、K-ABCという検査もよく行われています。これは、子どもの知的な能力のレベルを調べ、子どもの得意分野と苦手な分野を判断することができます。

　こういった検査結果から、「見えにくさ」の問題のもととなる発達障害の状態や背景を探ります。

子どもの見る力を調べる 簡単チェックテスト

本来、子どもの見る力を確認するには専門家の検査が必要ですが、
簡単なチェックテストでも、おおまかな状態を把握することができます。

【視覚機能チェックテスト】

	チェック	NO.	項目
見る		1	近くを見るとき、顔をそむけるようにして横目で見たり、片方の眼を手で覆ったりして、片眼で見ようとする。
		2	本やノートを見るとき、眼との距離が近すぎる。
		3	しきりにまばたきをしたり、眼をこすったりする。
		4	遠くを見るとき、眼を細める。
		5	黒板に書かれた文章をノートに写すのに、異常に時間がかかる。
		6	読んだり、書いたり、工作したりといった作業に集中できない。
		7	図形の問題が苦手。
		8	両眼が外側に寄っていたり、内側に寄っていたりして、それぞれの眼が別の方向を見ていることがある。
		9	ものが二重に見えることがある。
		10	すぐに眼が疲れる。
		11	よくものをなくす。また、探しものをうまく見つけられない。
		12	定規で長さを測るとき、目盛りを見るのが苦手。
読む		13	文字の読み間違いが多い。
		14	教科書や本を音読するとき、行を飛ばしたり、読んでいる場所がわからなくなったりする。同じところを何度も読むことがある。

子どもの様子を見て、当てはまるものに○をつけてみましょう。

	チェック	NO.	項目
読む		15	教科書や本を読むのに、異常に時間がかかる。
		16	文章を読むとき、頭や体を上下、左右に大きく動かす。
		17	算数の問題で計算はできるのに、文章題になると問題が理解できず、答えられないことがある。
書く		18	漢字やひらがなの書き間違いが多い。
		19	覚えた漢字やひらがなを思い出すのに時間がかかる。または思い出せない。
		20	よく鏡文字を書く。
		21	うまく描けない図形がある。または、お絵かきで描いたものが、周りの人に伝わらない。
見たものに合わせて動く		22	文字を書くときに、マスや行からはみ出す。また、読めないくらい形の乱れた文字を書く。
		23	筆算で桁をそろえて書くのが苦手で、書いているうちに位がずれてしまう。
		24	はさみで切る、ボタンをはめる、ひもを結ぶといった、手を使った作業が苦手で、不器用。
		25	ボールを投げたり、キャッチしたりするのが下手で、球技が苦手。
		26	ラジオ体操やダンスを見て覚えたり、まねしたりするのが苦手。
		27	鍵盤ハーモニカやリコーダーなどを演奏するとき、鍵盤や穴の位置をよく間違えてしまう。
		28	右と左をなかなか覚えられず、よく間違える。
		29	方向音痴で、よく道を間違ったり、迷ったりする。
		30	家具や歩いている人などによく体をぶつけたり、つまずいたりする。

PART 1 「見えづらさ」によって困難を抱える子どもたち

【チェックテストの結果は？】

　○の数が多ければ多いほど、視覚機能に問題があるということになります。3個以上あれば、要注意です。また、どの項目に○がついたかによって、眼球運動、視空間認知、眼と体のチームワークのうち、どの機能が子どもに足りないのかがわかります。ビジョントレーニングには各機能を伸ばすためにさまざまなトレーニングがありますので、足りない部分を補うトレーニングを中心に取り入れましょう。

チェック結果

1～12に○がある場合　➡　入力機能が不十分である可能性が。

　ものを眼でとらえる入力機能が未熟だと考えられます。具体的には、見たいものにすばやく視線を合わせたり、眼で追いかけたりするために必要な眼球運動や、見るものまでの距離に合わせてピントを調節する、寄り眼や離し眼がうまくできていないといえます。これらを鍛えるトレーニングを行いましょう。

➡ **追従性(ついじゅうせい)眼球運動・跳躍性(ちょうやくせい)眼球運動・両眼のチームワークを育てるトレーニングへ**
（P54、P64、P92 など）

13～17に○がある場合　➡　入力機能が不十分である可能性が。

　「読む」のブロックに○がある場合も、見る力のうち、入力機能がうまく働いていない可能性があります。読む力を向上させるには、視線をなめらかに動かしたり、すばやく移動させたりする機能を高める必要があります。眼を大きく動かすトレーニングを習慣にしましょう。

➡ **追従性眼球運動・跳躍性眼球運動を育てるトレーニングへ**
（P56、P58、P96、P102 など）

| 18〜21に○が ある場合 | ➡ | 情報処理の機能が不十分である可能性が。 |

18〜21の項目に当てはまるような、文字や図形を書（描）くのが苦手な子どもは、見る力のうち、情報処理（視空間認知）の機能が未熟であると考えられます。眼で見たものの形や色、位置などを正しく把握する機能がうまく働いていないのです。眼から入った情報を脳でうまく処理できるよう、訓練する必要があります。

➡ **視空間認知を育てるトレーニングへ**
（P66、P112 など）

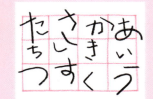

| 22〜30に○が ある場合 | ➡ | 情報処理、出力機能が不十分である可能性が。 |

手先が不器用だったり、体の動きがぎこちなかったり、「見て動く」のが苦手な子どもは、眼から入った情報を処理し、出力する機能が未発達。「見たものを正しく把握し、それに合わせて体を動かす」という連動がスムーズに行えるように、繰り返し「見て動く」トレーニングを行いましょう。

➡ **視空間認知・眼と体のチームワークを育てるトレーニングへ**
（P68、P78、P82、P116 など）

memo

トレーニングを使って視覚機能をチェック

子どもの見る力をチェックする方法として、PART 3・4で紹介しているようなトレーニングを実際にやってみるのも一つの手です。例えば、94ページの「線めいろ」を子どもにやらせてみたとします。もし、一つでも正しいゴールにたどりつけないものがある場合は、追従性眼球運動の機能を鍛えるトレーニングが必要だということです。同じように、跳躍性眼球運動、両眼のチームワーク、視空間認知、眼と体のチームワークを育てるトレーニングを、一通りやってみるとよいでしょう。子どもの視覚機能のうち、どの機能が未熟か見えてきます。

Column
トレーニングを始める前に視力のチェックを

ビジョントレーニングを行う前には、必ず、子どもの眼に異常がないか、視力をチェックしましょう。視力に問題があるのに放置していると、トレーニングをしても適切な効果が出ないこともあります。また、小さな子どもの場合、「見えにくい」などと視力の異常を言葉で教えてくれることは少ないので、気づかないまま放っておかれる場合もあります。気になる様子がある場合は早めに視力検査を行い、めがねで矯正するなど適切な対処を。

視力はどこで調べる？

まずは眼科で視力検査を行いましょう。視力検査ができるめがね店も多いですが、眼科のほうがより正確な視力を調べることができます。眼の緊張をほぐす目薬を使用し、眼科医が細かくチェックしながら視力やレンズの度数を調べるからです。また、眼の病気がないかどうかも同時に調べられるので安心です。受診の前に電話で問い合わせをし、小児の視力検査が得意な眼科を選びましょう。

コンタクトレンズは使ってよい？

眼科の先生からめがねをすすめられた場合は、めがね店で子どもに合っためがねをつくります。コンタクトレンズは、毎日しっかりと手入れをしないと、眼を傷つけたり、眼の病気を引き起こしたりする危険があります。小さい子どもには扱いが難しいので、高校生くらいになってから使用し始めるほうがよいでしょう。

眼科では視力以外に眼の病気なども一緒に調べられます。

視力に問題あり？なし？ 簡単チェック法

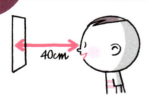

眼科へ行く前に、子どもの視力に異常がないかを簡単にチェックできる方法があります。それが、下のような1mm四方の文字やマークがはっきり見えているかを調べる方法です。本を顔から40cm離して、片眼だけで下記の文字が読めるか、ランドルト環（C）の向きがわかるかをチェックしてみてください。よく見えていないようなら、すぐに眼科で視力検査を行いましょう。

ぬ	さ	わ	あ	け	る
○	○	C	○	○	○

PART 2

ビジョントレーニングで「見る力」を育てる

見る力の弱さや未熟さはビジョントレーニングによって向上させることができます。ただし間違ったやり方をすれば、思うような効果は得られません。大切なのは、子どもに合ったトレーニングを選び、続けること。そのためにまず、トレーニングの効果や種類、計画の立て方などのポイントを知っておきましょう。

視力ではなく「視覚機能」が向上する

ビジョントレーニングは、視力を回復させるものではありません。視覚機能を鍛えて総合的な「見る力」をアップさせることで、見えづらさを解消していきます。

POINT 「見えにくさ」は意欲や可能性を失わせる

PART 1でも述べた通り、読み書きの困難さや手先の不器用さ、体の動きのぎこちなさなどには、「視覚機能」と呼ばれる、「総合的な見る力」の弱さが隠れている場合があります。

見る力の弱い子どもは、ものが二重に見える、視点が合いづらいなどの見えにくさがあるため、遊びでも勉強でも多くの労力を必要とします。しかし、努力してもほかの子よりうまくできない場合が多く、「どうせだめなんだ」「自分には無理」と、苦手意識をもつようになります。苦手なことは積極的にやりたくないもの。「苦手」→「やらなくなる」となり、能動的に見る経験が減って、ますます見る力の発達が遅れるという悪循環に陥ってしまいます。

そうならないためには、なるべく早く、見る力の問題に気づくことが大切。子どもの様子から「何となくおかしいな」と思うところがあれば、早めに専門家へ相談しましょう。

memo
発達障害のない子や大人にも効果がある！

「見る力」の問題は発達障害のない子どもにも起こります。また、大人でも書類の見落としやパソコンの入力間違いなど仕事のミスが多い人や、疲れ眼やかすみ眼の症状がある人の中には、見る力の問題を抱えている人もいます。そういう子どもや大人にもビジョントレーニングは効果的。視覚機能がアップすることで、集中力が上がる、仕事のミスが減るなど、よい効果が出ることがわかっています。監修者自身も、視覚機能の勉強を始めて両眼を寄せる力が弱いことに気づき、3か月のトレーニングで克服しました。プロ野球の選手をはじめスポーツ選手も、パフォーマンスの向上にビジョントレーニングを活用しています。

POINT 毎日5分のトレーニングで変わる「見る力」

視力や病気が原因でない「見えにくさ」は、ビジョントレーニングで改善できます。検査で見る力に問題が見つかったからといって、落胆することはありません。人は生まれてから、さまざまな経験を通して見る力をはぐくんでいきます。同じように、ビジョントレーニングを続ければ、徐々にものをうまく見る能力を習得できるのです。

ただし大切なのは、その子の問題に合った適切なトレーニングを行うこと。検査などをもとに子どもに必要なトレーニングを選び、できれば毎日5～15分、行うとよいでしょう。

効果には個人差がありますが、必ず変化があらわれます。具体的にいうと、文字が読みやすくなり、読書が好きになった子どもや、苦手だった文字を覚えたり書いたりするのが「得意」にかわり、漢字テストでよい点が取れるようになった子どももいます。また、運動面での変化もあり、ボールを使った遊びに苦手意識がなくなり、将来はサッカー選手になりたいという夢をもつようになった子どももいました。ビジョントレーニングで見る力が伸びれば、子どものやる気や自信も大きく育ち、その後の人生が変わってきます。

● 子どもに合ったトレーニングで「苦手」を「得意」に

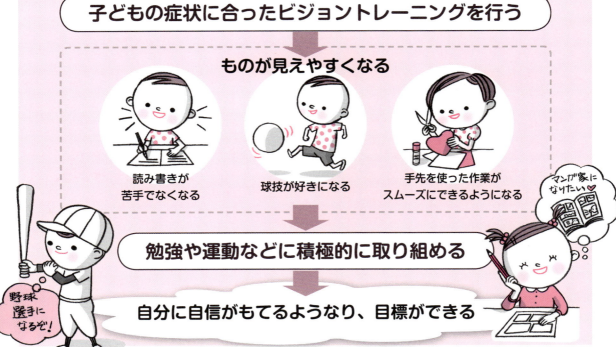

PART 2 ビジョントレーニングで「見る力」を育てる

ビジョントレーニングの3つの種類と効果

ビジョントレーニングは、大きく3種類に分けられます。
それぞれのトレーニング内容と効果を見てみましょう。

トレーニング ① 眼球運動トレーニング

ものを見るときは、まず対象物に視線を合わせ、ピントを調節する必要があります。そのときに必要なのが3つの眼球運動です（22ページ参照）。この運動がうまくできないと、本を読んでいるとき行や文字を読み飛ばしたり、手先を使う作業や運動がうまくできなかったり、板書を写すのに時間がかかったりします。

こういったケースでは、ビジョントレーニングで、眼を上下・左右に動かして、視線をスムーズに移動できるような練習をします。繰り返すことで、正確にすばやく眼で映像をとらえる能力が高まります。

● 眼球運動を促す3つのトレーニング

追従性眼球運動トレーニング

主に、線やものを眼で追う練習。最初に、手で線の上をなぞって、眼の動きをサポートすることから始める。

跳躍性眼球運動トレーニング

ある点からある点へと、視線を移動させる練習。目的の場所へ、すばやく眼を動かせるようにする。

やじるしから じゅんばんに
こえを出して よみましょう♪
→
1 5 2 3 8 9
7 0 6 4 5 2

両眼のチームワークトレーニング

両眼を同時に動かす練習。寄り眼や離し眼を持続させるトレーニングなど。

視空間認知トレーニング

眼でとらえた映像をもとに、ものの形や位置、距離などを正確にとらえるのが、視空間認知の能力です（24ページ参照）。これが十分に発達していないと、文字を覚える、書くということが苦手だったり、絵や図をうまく描けなかったりします。

視空間認知は「ものを見て、触って、動かす」という動作を繰り返すことで発達します。そこで、この能力をはぐくむトレーニングでは、主に、見本の形を記憶して、絵やパズルで再現する練習を行います。また、覚えた形を頭の中で反転させるなど、イメージ操作のトレーニングも行います。

眼と体のチームワークトレーニング

眼で見たものにすばやく反応して、適切に体を動かすために必要なのが、眼と体のチームワークです（26ページ参照）。この機能が未発達だと、普通に歩いていても、ものや人にぶつかったり、手先が不器用だったり、球技をはじめとした運動が苦手だったりします。

そういう場合、眼と体のチームワークを高めるために、眼と体を連動させる練習をします。例えば、動くものを眼で追いながら手や足でタッチしたり、人の動きを見本にして、同じように体を動かしたりするトレーニングを行います。

PART 2　ビジョントレーニングで「見る力」を育てる

ビジョントレーニングの効果的な取り入れ方 〜学校編〜

ビジョントレーニングは見え方に問題のない子や大人にも効果があります。導入のポイントを押さえて、学校でも積極的に取り入れるとよいでしょう。

POINT 朝の会や授業中に全員でトレーニング

　通常のクラスで、特定の生徒に対してだけ、マンツーマンでビジョントレーニングを毎日行うとすれば、時間を確保するのが難しいでしょう。そこで、新たにトレーニングの時間をつくったり、特定の子だけに行ったりするのではなく、朝の会や授業の時間を使って、クラス全員で行うことをおすすめします。

　実際に、毎日朝の会の3〜5分間を使い、眼を左右・上下・遠近に動かす眼球運動トレーニングをしている学校があります。道具を使わないトレーニングなら、毎朝でも続けやすいでしょう。

　あるいは、算数や国語の授業のはじめに3〜5分間、ワークシートを使ったトレーニングを行うのもよいでしょう。授業前に行うことで、子どもたちの集中力も高まります。続けていれば、見え方に問題のない子でも本が読みやすくなったり、反射神経がよくなったりするなど、見る力がアップします。また、みんなで一緒にトレーニングをする習慣は、見え方の悩みをもつ友だちへの理解や、思いやりや助け合いの心を育てるきっかけにもなるでしょう。

ゲーム感覚でクラス全員で行うことで、視覚機能が弱い子に限らず、ほかの子にもよい影響が出ます。

POINT 教室に**トレーニンググッズ**を常備

教室に道具を用意しておいて、休み時間などに、子どもたちが自主的にトレーニングをできるようにするのも一つの方法です。例えば、教室の中にトレーニングにもなるパズル（66・68ページ参照）を用意しておいたり、廊下や教室にワークシートを貼っておいたりするとよいでしょう。また、天井からひもでお手玉をつるして、ジャンプしながらタッチして遊べるようにしておく方法もあります。

子どもたちが楽しく遊びながら、見る力を育てられる環境をつくりましょう。

POINT **子どもによっては1対1の対応**が必要

クラスみんなで行うビジョントレーニングでは、どうしても遅れがちになってしまう子どもや、うまくできない子どももいます。そういう場合は、放課後や通級指導教室の時間などに、個別でビジョントレーニングを行うのがベストです。全員で行っているトレーニングよりも難易度の低い簡単なものを、時間をかけてゆっくり行いましょう。

このとき子どもの様子をじっくり観察できるのも、マンツーマンのトレーニングのメリットです。子どもがルールをきちんと理解しているか、正しく行えているかをチェックして、細かくケアしてあげましょう。上手にできたときなどは、きちんと言葉に出してほめることで、その子の意欲が高まります。意識して行いましょう。

memo
保護者へも情報提供を

クラスにビジョントレーニングを取り入れるときは、保護者にその内容を伝えておくことが大切。学級便りなどで、トレーニング内容はもちろん、見えにくさの問題や、見る力について説明しましょう。保護者の理解が進めば、家庭でトレーニングを行うことも考えられ、子どもの見る力向上にもつながります。

PART 2 ビジョントレーニングで「見る力」を育てる

ビジョントレーニングの効果的な取り入れ方 〜家庭編〜

ビジョントレーニングは家庭でも楽しみながら行えます。
子どものやる気に合わせて、毎日続けることで確実に見る力はアップしていきます。

POINT ごほうびとセットでやる気 UP

　ビジョントレーニングは、朝ごはんの前に5分間、宿題の前に10分間など、毎日決まった時間に行うのがベストです。ただ、すすんで自分からトレーニングを行うことは少ないので、続けさせるには楽しみをもたせる工夫が必要です。

　例えば、おやつの前にトレーニングの時間を設けて、「トレーニングをやったら、一緒におやつ食べようか」と、声をかけるのもよいでしょう。特に好きなおやつを手づくりするなどしても、トレーニングへのやる気を高められるでしょう。

　また、毎日同じようなトレーニングだと飽きてしまうものです。曜日ごとに「月曜日と水曜日はパズルなどの遊びで、火曜日と木曜日はワークシート」など種類の違うものを行ったり、内容をアレンジしたり、工夫しましょう。

　それでも嫌がる日は、無理強いしないことが大切。トレーニングが嫌いになって、ますますやる気がなくなります。大人でも、気が乗らないときはあるもの。たまにお休みしてもよいので、続けることが大切です。

● やる気をアップさせるポイント

- 毎日決まった時間に行い、習慣にするのがベスト
- おやつやゲームなどのごほうびを用意して、子どものやる気を引き出す
- いくつかのトレーニングを交互にやるなど、飽きない工夫を
- どうしてもやりたがらない日は、お休みしてOK

POINT 休日の集中トレーニングは親子で

毎日時間をつくるのが難しければ、週に1～2日、休日にトレーニングを行う方法もあります。その場合、1回につき10～20分程度の短い時間に分けるのが効果的。一度に長時間行っても、子どもの集中力は続きませんし、苦痛になるだけです。週1日であれば、トータルで50～60分になるのがベスト。週2日とれるのであれば、1日につき30分を目安にします。また、体を動かすトレーニング、次にパズルなど、種類の異なるものを組み合わせて行いましょう。

トレーニングは親子で一緒に行うと、楽しみながらできて効果も上がります。本書で紹介しているトレーニングの合間に、キャッチボールやバドミントンなど、眼と体を動かす遊びを行うのもよいでしょう。

POINT ながらトレーニングも効果あり！

家庭では、生活習慣とトレーニングを組み合わせる「ながらトレーニング」もおすすめ。

- 洗面台の四隅に印をつけておき、歯みがきをしながら、眼だけを動かして印を順番に見るなどの眼球運動トレーニングを行う。

- トイレやお風呂の中にワークシートを貼ったり、ボールなどを置いたりしておく。

- 寝室の天井からひもで人形をつるして、眠る前、横になりながら、揺れる人形を眼で追ったり、手足でタッチしたりする。

PART 2 ビジョントレーニングで「見る力」を育てる

トレーニングの効果をアップさせる指導法

大人の指導法次第で、トレーニングに対する子どものやる気や集中力は変わります。子どもが毎日楽しく取り組めるような配慮をしましょう。

POINT　楽しく続けられる計画と声かけを

「見えにくさ」を感じる子どもたちにとって、ビジョントレーニングは自分の苦手分野に挑戦することでもあります。大人には簡単に見えることでも、なかなかうまくできず、焦ったり、つらく感じたりするときもあるでしょう。

トレーニングは、いやいや行ってもあまり効果はありませんし、続きません。子どもが集中し、楽しんで続けるためには、トレーニング選びや子どもへの声かけ、環境づくりなどが重要です。そのコツを見ていきましょう。

コツ 1　最初は、好きなものを短時間

はじめは子どもが興味をもちそうな、遊びの要素が強いトレーニングを選び、1日2～3分程度の短い時間で終わらせるようにする。

コツ 3　まずは、大人がやって見せる

トレーニングのやり方は言葉で説明するのではなく、実際にやって見せながら、細かくていねいに教える。

コツ 2　飽きさせない工夫を

ワークシートに、子どもの好きなキャラクターのシールを貼ったり、好きな音楽をかけながら行ったり、トレーニングに子どもが好きなものを1つ取り入れる。

コツ4 その子に合わせた難易度に

トレーニングは難しすぎても、簡単すぎてもやる気が失せるもの。本書をベースに、子どもの様子を見ながら難易度を調節して。

コツ6 ほめる声かけはたっぷりと

毎回、その子のがんばりや成長を言葉にしてほめること。どうしても、大人はできないところに目が行きがちなので、よいところを見つけて、自信とやる気を高めることを意識して。

コツ5 無理強いしない

子どもが嫌がったら、無理強いしない。日によって疲れていることも。その日は早く切り上げて、ほかの日に振りかえてもOK。

PART 2 ビジョントレーニングで「見る力」を育てる

コツ7 環境や道具に配慮する

照明やワークシートの書式など、子どもの見えづらさを補う工夫をする。また、筆記具や机なども、子どもに合わせたものを用意する。

- 筆記用具などの文房具は色が濃くて見やすく、持ちやすいか
- 机やいすの高さは、子どもに合っているか
- 周りに余計なものがあって、気が散らないか
- 照明の明るさは明るすぎたり、暗すぎたりしないか。手元をまんべんなく照らし、余計な影ができていないか
- ワークシートの文字の大きさや濃さは適切か

トレーニング前に行おう！
眼のウォーミング・アップ

運動をするときと同じように、トレーニングを始める前には、
眼の準備体操を行いましょう。どの種類のトレーニングの前にも重要です。

POINT　眼の疲れを防ぐ準備体操

ビジョントレーニングでは、普段の生活以上に眼を大きく動かします。いきなり複雑な動きをすると、眼が疲れやすくなるので、まずは簡単な眼の運動でウォーミング・アップをしましょう。1〜3を順にすべて行うのがベストです。もし時間がない場合は、1だけでもよいので、ゆっくり、時間をかけて行いましょう。大人にも効果的です。ただし、2と3は苦手な子にとってはかなり難しいので、無理せず行ってください。

1点を見つめる練習

眼を大きく動かす前に、決められた位置に視線を合わせて、維持する練習をします。この練習で、まず眼を使うことを意識させましょう。

近くを見つめる

手元におもちゃや積み木などを置いて、それを3秒間、じっと見つめます。その後、それを持ち上げて、3秒間じっと見つめます。

対象物は子どもの興味のあるもの、好きなものにして。

遠くを見つめる

窓から外を見て、遠くにあるもの（木、看板、星、家など）を、3秒間じっと見つめます。

「あのいちばん高いビルを見てごらん」「いちばん光っている星を見てみて」などと指示を出そう。

2 眼のストレッチ

顔を動かさないで、眼を上・下・右・左といろいろな方向に動かします。その後、眼を左回り、右回りにぐるっと回します。

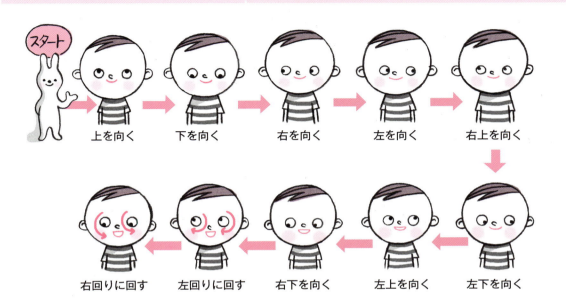

3 眼と首の運動

眼の前に人さし指を立てて、そこを見つめたまま顔を上下・左右に動かし、次に頭を右に倒したり、左に倒したりします。続けて、頭を1回転させます。

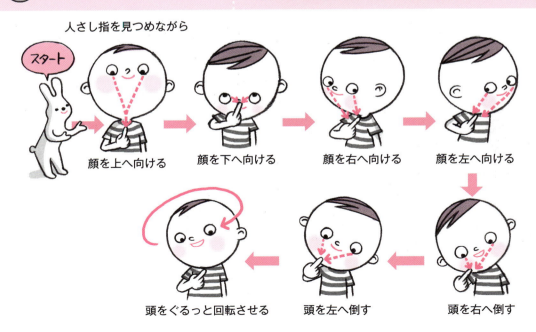

PART 2 ビジョントレーニングで「見る力」を育てる

Column
見る力をアップさせる習慣
～日常生活の中でできること～

毎日の生活の中にも、見る力を高める方法は意外にたくさんあります。眼を大きく動かしたり、眼で見たものに合わせて動いたりする機会を増やして、それを習慣にすれば、子どもの見る力は大きく変わります。見る力のために、日常生活にぜひ取り入れてほしい習慣をいくつかご紹介しましょう。

おうちのお手伝い

掃除のお手伝い

部屋をきれいに掃除することは、「眼を動かして汚れやゴミを見つける」「汚れやゴミを眼でとらえて、手を使って取り除く」という視覚機能が必要な行為です。繰り返し行えば、見る力の向上につながります。

最初は練習から

いきなり最初から「掃除機をかけて」「床をふいて」と言っても、子どもには難しいもの。うまくできなくてやる気を失ってしまう危険性もあります。まずは、掃除の練習をしてみましょう。

例えば「保護者がホワイトボードに字を書いたり、絵を描いたりして、子どもがそれをきれいに消す」「大きめの紙クズを床に落として、子どもがそれを掃除機で吸い取る」といった練習がおすすめ。

廊下の掃除

掃除のお手伝いは、家具が少なく、掃除のしやすい場所から始めます。例えば廊下のほこりやゴミを掃除機で吸い取ったり、ぞうきんでふき掃除をしたりしてもらいましょう。

お風呂・トイレ掃除

お風呂やトイレなどの狭い空間では、体の動きが制限されます。そこで汚れを見つけ、上手に手を動かして落とすのは、見る力が弱い子どもにとって難易度が高くなります。汚れが落としにくい場所は保護者が手伝ったり、「どんどんきれいになってるよ」「後できれいなお風呂に入るのが楽しみだね」など声をかけたりしながら行いましょう。

料理のお手伝い

料理も材料を量ったり、切ったり、できた料理を配ったり、適切に眼と手を使う必要がある作業なので、見る力の訓練になります。自分でつくった料理を食べる楽しみもあるため、子どもたちも参加しやすいはずです。ただ、キッチンは刃物や火を使う場所なので、十分に注意しながら行いましょう。

材料を量る

　計量器を使って、料理に使う材料の重さや量を量るお手伝いをしてもらいましょう。特に計量カップや料理用スケールなどの「目盛りや数字を見て、読む」のが、見る力の訓練にぴったりです。はじめは「カップのいちばん上の目盛りまで」とか、「100という数字になるまで」など、量りやすい量からお願いするようにしましょう。

野菜の皮をむく、切る

　「ピーラーで皮をむく」「包丁で切る」というのも、見る力の訓練としておすすめ。はじめから子ども一人でやるのは難しいので、最初は保護者が子どもの手をとって、一緒に練習しましょう。「手元をちゃんと見てね」「包丁と反対の手は猫の手だよ」など、注意点も細かく教えるようにします。

　ピーラーを使うときは、にんじんやじゃがいもなどの食材をまな板に置いて、横向きに皮をむくようにすると、けがをしにくくなります。包丁で切る作業は、まず、きゅうりやねぎなど切りやすいものを選んで。「これくらいの長さに切ってね」と見本を見せて、同じように切ってもらいましょう。

ご飯をよそう、配る

　調理が難しい場合は、配膳のお手伝いをしてもらうとよいでしょう。茶碗にご飯をよそったり、料理やお皿、おはしを決められた場所に配ったりするのも、見る力の訓練になります。「茶碗のこのくらいまでご飯をよそってね」「おはしは持つほうを右側にしておいてね」などと、ルールを教えながら行いましょう。

洗濯物をたたむお手伝い

タオルの角と角を合わせてたたんだり、左右の靴下を探して組み合わせたりするのも、眼と手を動かす作業です。はじめはタオルならタオルだけと決めて、お手本を見せてから、同じようにたたんでもらいましょう。多少きたなくても、その場でたたみ直したりせず、うまくできたところをほめて、子どものやる気を引き出すことが大切です。

親子で散歩

外に出て、遠くの景色を見たり、建物や人、植物などに眼を向けたりと、眼を大きく動かすことは見る力の発達を助けます。山や海への旅行や、ものがあふれているデパートでの買い物もよいのですが、近所を親子で散歩するだけでもOK。そのときは、保護者が「お花屋さんの看板はどこにあるでしょう？」などとクイズを出し、子どもに探してもらうと、より効果的です。

運動＆遊び

手や体を使った遊びを通して「眼で見て、体を動かす」経験の積み重ねは、子どもの見る力の発達に欠かせません。しかし最近は、屋内でゲームをしたり、テレビを見たりして遊ぶ子どもが増えています。子どもの成長とともに見る力を伸ばすには、保護者が意識して運動や手遊びをする機会をつくるとよいでしょう。

ものをつくる

プラモデルをつくったり、ブロックを組み立てたり、何かものをつくる遊びは、眼と手を同時に動かすトレーニングになります。また、できあがりをイメージしながら手を動かすと、視覚認知の向上にもつながるでしょう。親子で大工仕事をするのも効果的。長さを測る、木を切る、クギやネジでとめる、色を塗るなど、さまざまな作業を通して見る力が鍛えられます。

手遊びをする

「アルプス一万尺」「ずいずいずっころばし」「みかんの花」など、2人ひと組になって行う手遊びは、相手の手の動きに合わせて、自分の手を動かさなければならないので、見る力が必要になります。お風呂の中などで歌いながら遊べば、親子のよいスキンシップにもなります。

スポーツをする

球技は視覚機能を訓練するのに最適な方法の一つです。キャッチボールをしたり、サッカーボールでパスの練習をしたりしてみましょう。また、バドミントンもおすすめ。とにかく、子どものレベルに合わせて、できることから始めます。あくまで遊びの一環として、楽しんでやることが大切です。

実践！
ビジョントレーニング
遊び編

ここから、ビジョントレーニングの実践編です。PART 3では、パズルやトランプを使ったゲームや、体を動かす体操など、遊びながら視覚機能を育てるトレーニング法を紹介していきます。クラスメイトと一緒に、または親子で、楽しみながら行いましょう。

遊びながら
楽しくトレーニング

遊び編のトレーニングはとにかく楽しんで行うことが大切。
子どもに興味をもって取り組んでもらうためのコツを確認しておきましょう。

「見る力」は遊びながら身につけるもの

　見るものに合わせて眼を動かしたり、体を動かしたり、といった視力以外の「見る力」は、生まれてから徐々に身につけていくものです。毎日の生活で経験するすべてのことが、見る力に影響を与えます。特に見る力の成長に欠かせないのが遊びです。本来子どもたちは、公園で遊具を使って遊んだり、おにごっこをしたり、キャッチボールをしたり、日常生活の中で眼や体を動かす遊びをたくさん経験していました。その中で自然と見る力を鍛えていたのです。ところが、最近の子どもたちはゲームをしたり、テレビを見たりして、室内で遊ぶことが多く、見る力を育てる機会が減っています。このことが、視覚機能の未熟さにつながる場合も多いのです。

　つまり、視覚機能の問題を改善するには、子どもたちに不足している「見る力を鍛える遊び」を習慣にするのがいちばんです。だからといって、昔のように外に出て体を動かす遊びをしようにも、環境や時間の問題で難しい場合も多いでしょう。

　そこでこの章では、屋内で遊びながら視覚機能を鍛えられるトレーニングをご紹介します。楽しみながら見る力を育てましょう。

子どもに合わせてトレーニングを選択

　トレーニングをするときに大切なのは、子どもの状態や様子に合わせることです。遊びの要素が強いからといって、あれもこれもやらせようとすると、トレーニングが嫌いになってしまいます。当然、子どもに不足している視覚機能を補うトレーニングを行うことが大

切ですが、その中でも、まずは本人が興味や関心のあるものから始めるとよいでしょう。例えば、子どもが普段、好きでやっている遊びをヒントにして、子どもの好みに合わせたトレーニングを選ぶのもよいと思います。

また、子どもの様子を見ながら、難易度を調節することも大切。徐々にトレーニングに慣れてきて、眼の機能が高まっていけば、やれるトレーニングも増えていくはずです。

ただし、遊びとはいえトレーニングですから、必要なルールは守らなければなりません。トレーニングのねらい通りに眼や体が動かせているかをチェックすることも忘れないようにしましょう。

遊びとして楽しめる雰囲気づくりを

もともと遊びの要素が強いトレーニングですが、さらに周りの大人が楽しい雰囲気を演出すると、子どもも喜んでトレーニングに取り組んでくれるでしょう。何より大切なのが「みんなで楽しむ」ということです。教室でやる場合はクラスのみんなで、自宅でやる場合は親子で取り組み、大人が率先して楽しみましょう。

大人が率先して楽しもう

人形やミニカーなどのおもちゃを活用しよう

好きな音楽をかけながら行ってみよう

キョロキョロ運動

育つ視覚機能
- ☑ 追従性眼球運動
- ☑ 跳躍性眼球運動
- ☑ 両眼のチームワーク

手に持ったペンや鉛筆を目標物にして、眼をスムーズに動かす練習をします。
すべてのトレーニングの基本となるので、毎日行うのがおすすめ。

基礎編

トレーニングの内容

片手に持ったペンを動かしながら、一緒に眼を動かすトレーニングです。座って行っても、立って行っても、どちらでもOKです。音楽や手拍子に合わせてリズミカルに行いましょう。

1 円を描くように眼を動かす

利き手で持ったペンを、顔の周りに円を描くように動かす。そのペンの先を眼で追う。1周で10秒程度を目安に。反対回りも同様に行う。

Point
ペンの先から視線をはずさないように、なめらかに眼を動かそう！

顔は動かさないで眼だけを動かしてね

2 線を描くように眼を動かす

ペンを右から左へ、左から右へとゆっくり動かし、そのペン先を目で追う。往復で10秒くらいの時間をかけて。同様に、ペンを上下、斜めに動かして行う。

難しい場合は？

基礎編も応用編も、ペンを動かす役は大人が担当して、子どもは眼の動きだけを練習するとよいでしょう。そのとき、ペンの動きを指で追ったり、ペンが端にあるときにタッチしたりするなど、眼だけではなく、指の動きをつけるとやりやすくなります。応用編では違う色のペンを用意し、「赤をタッチしてね」などと指示をするとよいでしょう。

応用編

トレーニングの内容

左右、上下、斜めに眼を動かして、両手に持ったペンを交互に見たり、片手にペンを持って寄り眼にしたりします。頭を動かさず、眼だけを動かすように注意して行いましょう。

1 眼を左右に動かす

両手にペンを持って、腕をそれぞれまっすぐななめ前に伸ばす。左右のペンの先を1秒ごとに交互に見る。これを10秒行う。

2 眼を上下に動かす

イラストのように右手を上に、左手を下にして、1と同様にペンの先を交互に見る。これを10秒繰り返す。

Point 視線を移動させるときは、できるだけすばやく！

3 眼を斜めに動かす

左右の手に持ったペンをそれぞれ頭の上と、胸の前に置き、1と同じようにペンの先を交互に見る。これを10秒行う。左右の手の位置を逆にして、同じように行う。

Point ペンのかわりに人形や花など、子どもが好きなものを使うと、より楽しくできる。

4 寄り眼にする

顔から40cmほど離れた位置にペンを持つ。ペン先が眉間の高さにくるようにしたら、ペンをゆっくり顔に近づける。そのとき、ペン先に視点を合わせ続け、寄り眼にしていく。ペンをできるだけ顔に近づけた状態で、寄り眼を30秒くらいキープする。

Point 30秒続けるのが難しければ、はじめは10秒くらいからスタートしてもOK！

PART 3 実践！ビジョントレーニング 遊び編

2 コロコロキャッチ

育つ視覚機能
- ☑ 追従性眼球運動
- ☑ 眼と体のチームワーク

コロコロ転がってくるボールを落とさずキャッチしましょう。
ボールの動きを眼で追って取ることで、眼の動きや眼と手の連動をよくします。

基礎編

トレーニングの内容

机やテーブルの上を転がってくるスーパーボールを、眼でしっかり追いかけます。
そして、床に落ちる前に、手でしっかりキャッチしましょう。

1 ボール1個をキャッチ

大人が机の端から反対側に向かってスーパーボールを転がす。机から落ちると同時に、子どもはボールを手でキャッチする。1分くらい続ける。

Point
ミニカーやビー玉などの子どもの好きなものを使ってもOK！

2 連続キャッチ

慣れてきたら、スーパーボールを2個連続、3個連続で転がして、キャッチする。

Point
まっすぐ転がすだけでなく、いろいろな場所から斜めに転がして、子どもの眼がよく動くようにしよう。

応用編

トレーニングの内容

手ではなく、道具を使ってスーパーボールをキャッチします。スーパーボールの動きをよく見るとともに、道具を上手に扱う必要もあります。

1 コップでキャッチ

大人が机の端から反対側に向かってスーパーボールを転がす。机から落ちると同時に、子どもはコップでボールをキャッチする。1分くらい続ける。プラスチックなどの割れにくいコップを使うとよい。

ボールから眼を離さないでね

2 おたまでキャッチ

コップでキャッチが上手にできるようになったら、今度はおたまでキャッチする。

3 道具で連続キャッチ

基礎編と同じように、慣れてきたら、2個連続、3個連続と合間をあけずにスーパーボールを転がして、キャッチする。

うまくキャッチできたね！

難しい場合は？

まずはコップよりも口の広い洗面器やかごなどを使って練習するとよいでしょう。また、はじめは道具を両手で持ってキャッチしたほうがうまくできます。慣れてきたら、片手で持ってキャッチするようにします。

3 お手玉タッチ

育つ視覚機能
- ☑ 追従性眼球運動
- ☑ 眼と体のチームワーク

ひもの先端でゆらゆら揺れるお手玉をよく見て、手や足でタッチ。眼の動きと体の連携をスムーズにします。

基礎編

トレーニングの内容

ひもで結んだお手玉を揺らして、指やひざなどで触ります。そのとき、頭を動かさないで、眼だけでお手玉の動きを追うようにしましょう。

トレーニングの準備

手芸用のひもやビニールひもを用意して、端にお手玉を結ぶ。お手玉からひもの端までは30〜40cmを目安に。慣れたらゴムひもを使うとお手玉の動きがランダムになります。

1 指でタッチ

大人が、子どもの頭の上あたりでお手玉を揺らす。子どもはお手玉の動きをよく見て、指でお手玉にタッチする。10回繰り返す。

2 ひざでタッチ

次に体の前でお手玉を揺らす。子どもはサッカーのリフティングのように、左右のひざで交互にタッチする。10回繰り返す。

3 体のいろいろなところでタッチ

「グーで」「左ひじで」「右ひじで」などと大人が指示を出し、体のいろいろな部分でタッチする。10回繰り返す。

応用編

トレーニングの内容

基礎編と同じひもをつけたお手玉を使います。お手玉にただタッチするのではなく、ジャンプやターンなど体の動きをプラスします。ジャンプやターンをしながらでも、できるだけお手玉から視線をはずさないようにしましょう。

1 ジャンプしてタッチ

大人が、子どもの手が届かないところでお手玉を揺らす。子どもはジャンプしてお手玉にタッチする。10回繰り返す。

2 ターンしてタッチ

子どもが手を伸ばせば届く位置でお手玉を揺らす。子どもはその場でくるっと1回転して、お手玉にタッチする。10回繰り返す。

★ アレンジ・アイデア

お手玉を子どもの頭や体に当てるように動かして、子どもはボクサーのように体をくねらせてよけるという遊びも、眼のトレーニングになります。眼でしっかりお手玉を見て、足は動かさずによけるのがポイントです。

PART 3 実践！ビジョントレーニング 遊び編

4 洗濯ばさみゲーム

育つ視覚機能
- ☑ 追従性眼球運動
- ☑ 眼と体のチームワーク

動くものを眼で追いながら、それに合わせて手を動かす練習です。
指先の動きをスムーズにするトレーニングにもなります。

基礎編

トレーニングの内容

ゆっくり動く定規をよく見て、そこに洗濯ばさみをつけます。できるだけたくさんの洗濯ばさみがつけられるように練習しましょう。

1 動く定規を眼で追う

大人が30cmくらいの定規の両端を持って、左右にゆっくり動かす。子どもはその定規の動きを眼で追う。

「定規の動きをよく見てね」

Point
できるだけ頭は動かさず、眼だけで定規の動きを追うようにしよう！

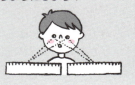

2 動く定規に洗濯ばさみをつける

スタートの合図で、動く定規を眼で追いながら、定規に洗濯ばさみをつける。1分間でできるだけ多くの洗濯ばさみをつける。

「1分以内に洗濯ばさみをつけてね」

難しい場合は？

まずは動く定規を眼で追う練習や、止まっている定規に洗濯ばさみをつける練習などから始めます。また、定規が見やすいように、色のついたものを使ったり、マスキングテープを貼って目立たせたりして、工夫するとよいでしょう。

応用編

トレーニングの内容

定規を上下や斜めなどいろいろな方向に動かして、そこに洗濯ばさみをつけます。また、決められた場所に洗濯ばさみをつける練習も行います。

1 動く定規に洗濯ばさみをつける

大人が30cmくらいの定規の両端を持って上下にゆっくり動かし、子どもは1分間でできるだけ多くの洗濯ばさみをつける。うまくできたら、定規を斜めに動かしたり、円を描くように動かしたりして、同じように行う。

2 動く定規の指定された場所に洗濯ばさみをつける

大人は定規を左右にゆっくり動かして、「10のところ」などと指示を出す。子どもは指示されたところに洗濯ばさみをつける。これを何度か繰り返す。慣れてきたら、定規を上下や斜めに動かして行う。

Point

定規の数字の部分にいろいろなシールを貼って、「お花のところに洗濯ばさみをつけて」と指示を出すと、わかりやすく、子どもも楽しんでできるのでおすすめ。

★ アレンジ・アイデア

あらかじめ洗濯ばさみをつけた定規を大人が動かし、子どもが定規から洗濯ばさみを取るのも「追従性眼球運動」「眼と体のチームワーク」の訓練になります。この場合も慣れてきたら、「右から2番目の洗濯ばさみを取って」と、指示された洗濯ばさみを取るトレーニングを行うとよいでしょう。

5 ブロックストリングス

育つ視覚機能
☑ 両眼のチームワーク

近くのものを見るとき、スムーズに寄り眼ができるようにするトレーニングです。
近くを見るときと遠くを見るときの眼の切りかえの訓練になります。

基礎編

トレーニングの内容

別冊のワークシートをイラストのように眼の高さでまっすぐ持ち、左眼、右眼の位置に眼を合わせて、●→▲→■の順に、それぞれを5秒ずつ見つめます。次に■→▲→●の順番に見ます。

【使用するワークシート】

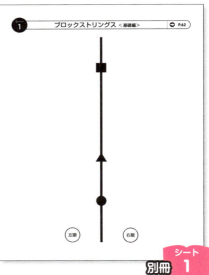

Point
眼の高さにまっすぐ持つことが大切。ワークシートが折れ曲がらないように、厚紙に貼って使おう。

正しい見え方
寄り眼にしていくと、それぞれの図形を中心に線が交差して見える。

●を見ているとき

▲を見ているとき

■を見ているとき

正しくない見え方
●が2つ見えてしまう。

●を見ているとき

応用編

トレーニングの内容

基礎編と同じように、ワークシートを眼の高さに水平に持ち、下の図の❶〜⓬の数字を順番に見ていきます。これを3回繰り返しましょう。

正しい見え方

見ている数字で線が交差して見える。

❶を見ているとき

【使用するワークシート】

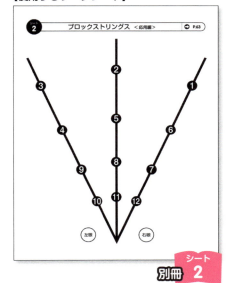

別冊 シート2

Point

まっすぐ持ってね

基礎編、応用編ともに、大人は子どもの正面に立ち、「ワークシートが正しい位置にあるか」「子どもの眼が均等に寄っているか（片方の眼で見ていないか）」チェックしよう。

やってみよう！

ビーズを使ってつくるブロックストリングス

ブロックストリングスとは、ビーズとひもでできた視覚機能のトレーニンググッズです。市販されていますが、自分でつくることもできます。

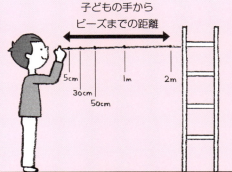

子どもの手からビーズまでの距離

5cm / 30cm / 50cm / 1m / 2m

用意するもの
- 直径約1cmのビーズ（5個）
- ビーズの穴と同じくらいの太さのひも（約2m50cm）

つくり方・使い方

❶ ひもにビーズを通して、片側の端に小さな輪っかをつくり、もう片方はビーズが落ちないように、片結びしておく。

❷ 輪のほうを壁のフックや家具にかけ、顔の近くで、もう片方の結び目を子どもが持つ。両眼の間、鼻のつけ根の高さにくるようにして、ひもをピンと張って持つ。

❸ 大人が5つのビーズの位置をイラストのように調整する。子どもは遠くのビーズから順に、両眼で5秒ずつ見つめる。

3Dビジョン

育つ視覚機能
☑ 両眼のチームワーク

近くを見るときの寄り眼、遠くを見るときの離し眼のトレーニングです。
はじめは時間がかかるかもしれませんが、焦らず練習しましょう。

基礎編

トレーニングの内容

ワークシートを顔の正面に持って、①～③の図を順番に、寄り眼と離し眼で見ていきます。それぞれ1～3分くらい練習します。

【使用するワークシート】

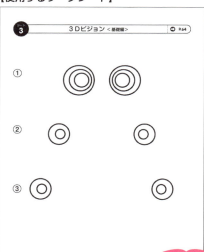

別冊シート3

寄り眼のやり方

右眼で左の〇を、左眼で右の〇を見る。正しくできれば真ん中に〇が飛び出して3つに見える。

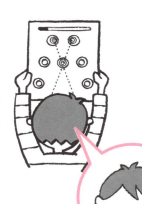

離し眼のやり方

右眼で右の〇を、左眼で左の〇を見る。正しくできれば〇が奥に沈んで3つに見える。

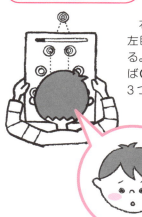

Point

離し眼　　寄り眼

寄り眼はワークシートを顔から少し離したほうがやりやすく、離し眼は顔に近づけたほうがやりやすい。顔に近づけたり、離したりしながら練習しよう。

応用編

トレーニングの内容

基礎編と同じように、❶〜❼の数字を上から順に、寄り眼、離し眼で見る練習をします。それぞれ1〜3分くらい行いましょう。

Point

寄り眼や離し眼をやると、慣れないうちはとても疲れるもの。「うまくできるまで」とがんばりすぎるのはNG。時間で区切って休憩をすること。

だいぶがんばったから、そろそろ休憩にしようか

【使用するワークシート】

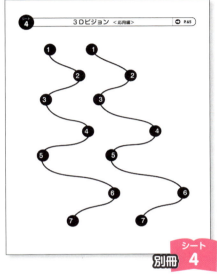

別冊シート4

難しい場合は？

寄り眼のコツ

ワークシートと顔の間に指を立て、その指を見て寄り眼にした後、視線はそのままで指をはずします。慣れてきたら、指を使わなくてもできるように練習を。

離し眼のコツ

遠くにある壁などを見てから、視線はそのままの状態でワークシートを顔の前に持ってくると、スムーズに離し眼ができます。慣れてきたら、ワークシートの3〜5m向こう側を見るつもりで、図や数字をぼーっと見るようにしましょう。

PART 3 実践！ビジョントレーニング 遊び編

7 テングラム・パズル

育つ視覚機能
☑ 視空間認知

三角形や四角形のパズルを使って、いろいろな形をつくります。
見本と同じ形を再現することで、眼で見た形を正しく認識する力を養います。

基礎編

トレーニングの内容

組み合わせると正方形になる 10 ピースのパズルを使って、ワークシートの見本と同じ形をつくります。

トレーニングの準備 別冊シート5

❶型紙をコピーして、パズルのピースをはさみで切り離す。
❷厚紙や画用紙に 1 つずつピースを当てて型を取り、はさみで切り取ってパズルをつくる。

【使用するワークシート】

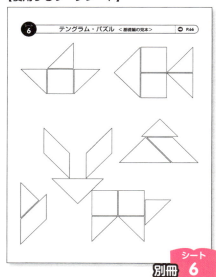

別冊シート6

見本とよく見比べて考えてごらん

Point
眼に入るところにいくつも見本があると、子どもがどれを見てつくればいいか、とまどってしまう。見本は 1 つだけ置くようにする。

難しい場合は?

はじめは、見本の上にピースを並べるところから始めましょう。また、見本に合わせて必要なピースだけ子どもに渡してもOK です。

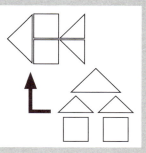

応用編

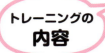
トレーニングの内容

基礎編と同じパズルを使って、ワークシートと同じ形をつくります。見本となる図形は基礎編よりも複雑になっているので、よく見てつくりましょう。慣れてきたら、図形の内側の線を消して行いましょう。

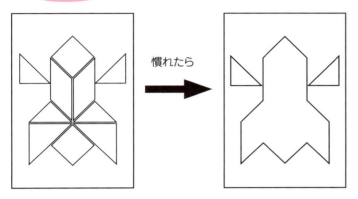

【使用するワークシート】

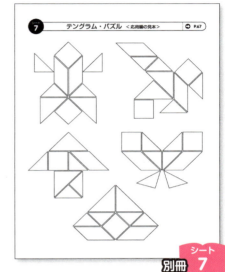

シート 7

難易度アップ

❶

見本の形を記憶して、見本を見ないでつくります。

❷

「見本の矢印の形が右向きになったものをつくってごらん」

見本を左右に90度回転させた形や、上下・左右反転させた形を頭の中でイメージし、それと同じ形をパズルでつくります。

アレンジ・アイデア

見本を見ながらのトレーニング以外に、動物や図形、文字など自分の好きな形を自由につくるのも、視覚機能アップにつながるのでおすすめです。またパズルでつくった形が、何の形かを当てっこするのもよいでしょう。

PART 3 実践！ビジョントレーニング 遊び編

67

8 スティック・パズル

育つ視覚機能
☑ 視空間認知

棒状のパズルを組み合わせて、見本と同じ形をつくります。
パズルの長さの違いに気をつけてパズルを並べ、形の認知力を高めましょう。

基礎編

トレーニングの内容

組み合わせると正方形になる24ピースの棒状のパズルを使って、ワークシートの見本と同じ形をつくります。

トレーニングの準備 別冊シート8

❶パズルの型紙をコピーして、のりをつけ、厚紙に貼りつける。
❷型紙の線通りに厚紙を切って、パズルをつくる。

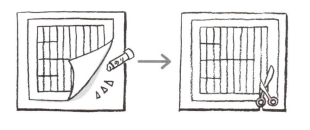

【使用するワークシート】

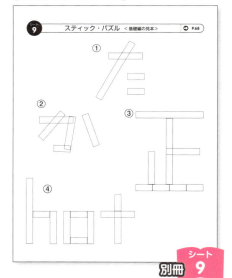

別冊シート9

「見本をよく見て考えてごらん」

Point
眼に入るところにいくつも見本があると、子どもがどれを見てつくればいいか、とまどってしまう。見本は1つだけ置くようにする。

応用編

トレーニングの内容

基礎編と同じパズルを使って、ワークシートと同じ形をつくります。見本の形は基礎編より少し複雑になっています。慣れてきたら、ワークシートの補助線を消して行いましょう。

 慣れたら

【使用するワークシート】

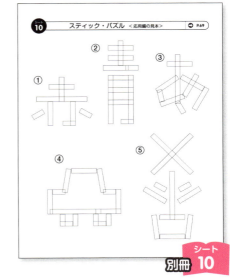

別冊 シート 10

難しい場合は？

見本を拡大し、ほぼ原寸大（パズルの型紙と同じ大きさ）にして使用しましょう。それでもうまくできない場合は、見本にパズルを重ねるようにして置いてもOKです。※シート9は250％、シート10は333％拡大するとほぼ原寸大になります。

やってみよう！ こんなものでもできる！ 形を再現するトレーニング

パズルに限らず、見本をもとに形を再現するような遊びには、視覚認知の機能を高める働きがあります。例えば、大人がつくった見本と同じように、積み木やブロックを組み立てたり、ぬり絵に色を塗ったりするのも効果的です。また、フィギュアのポーズや、服をコーディネートしたものを写真に撮って、それを再現する遊びも楽しいでしょう。子どもが興味のあるものを使ってトレーニングができるよう、工夫してみてください。

フィギュアのポーズを再現

洋服のコーディネートを再現

PART 3 実践！ビジョントレーニング 遊び編

9 トランプ・メモリー

育つ視覚機能
☑ 視空間認知

短時間でトランプの数字とマークを覚える練習をします。
図形や文字の形を正確に把握する力を高めるトレーニングです。

基礎編

トレーニングの内容

1〜10のトランプから2枚選んで並べ、その数字とマークを覚えて答えます。覚える時間は1枚につき3秒くらいを目安にしましょう。

1 覚える

表を上にしてトランプを2枚並べ、数字とマークを覚える。

「よーく見て覚えてね」

難しい場合は？

まずは数字だけを覚えて答える、次にマークだけ覚えて答えるトレーニングから始めてOK。マークを覚えるのが苦手な子どもは、はじめに♠・♦・♡・♣を描いて、形を覚える練習をしてみましょう。

2 答える

大人がトランプを裏返す。子どもは目を閉じて、左から順に覚えた数字とマークを答える。

「左側のトランプは何だった？」

Point
覚えた数字とマークを思い出すときは、眼に映ったトランプを頭の中で思い描くようにしよう。

難易度アップ

2枚のトランプが覚えられるようになったら、トランプの枚数をできるところまで1枚ずつ増やしていきます。子どもの理解度によっては、ジャック（11）、クイーン（12）、キング（13）のカードを使ってもよいでしょう。

応用編

トレーニングの内容

カードの並べ方を複雑にします。基礎編と同じように、一度覚えてから裏返し、大人の指示した順番に、覚えた数字とマークを答えます。カードは4枚くらいからスタートしましょう。

ここから左回りに、覚えたカードの数字とマークを答えてみて

並べ方のバリエーション

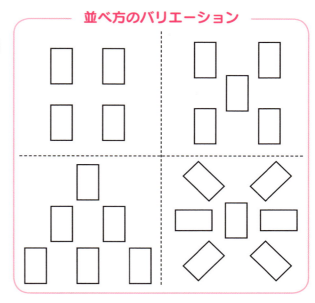

Point
「時計回りに」「下の左から」「真ん中から」など、いろいろな順番で答えられるように練習を。

PART 3 実践！ビジョントレーニング 遊び編

アレンジ・アイデア

❶

数字の小さい順、大きい順に答える

連続した数字、あるいはランダムな数字を並べて覚えたら裏返し、数字の小さい順から、または大きい順から、覚えた数字とマークを答えながら、トランプをめくっていきます。小さい数から答える場合は、イラストのような順番でめくります。

❷

覚えたカードを書（描）く

カードを覚えた後、裏返してから、覚えたカードの数字とマークを書（描）いて答えます。慣れてきたら、数字とマークをトランプと同じように書（描）く練習をするとよいでしょう。

10 仲間で分けよう

育つ視覚機能
- ☑ 視空間認知
- ☑ 眼と体のチームワーク

決められたルールに従って、トランプを分類するトレーニングです。
トランプのマークや数字などの違いをすばやく見分けられるよう、練習しましょう。

基礎編

トレーニングの内容

4つのリングを用意して、それぞれに同じ数字やマーク、絵柄のトランプを分類していきます。

トレーニングの準備

手芸用のひもやビニールひも、ビニールテープなどを使って、トランプを分類するリングを4つつくって並べる。それぞれのリングにどんなトランプを分類するか、ルールを決める。

※リングはそれぞれ色を変えたり、番号を振ったりすると、区別がつけられるのでわかりやすい。

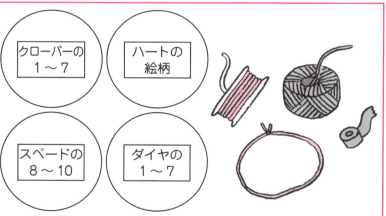

- クローバーの 1～7
- ハートの絵柄
- スペードの 8～10
- ダイヤの 1～7

トランプを分類する

トランプの束を手に取り、ルールに従ってトランプを分類していく。ルールに合わないものはリングの外に置く。

Point
できるだけすばやく分類できるようにしよう！

アレンジ・アイデア
慣れたらリングの数を増やしてもOK！

応用編

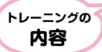
トレーニングの**内容**

リングを重ねて置いて、リングの重なった部分にもルールに当てはまるトランプを分類していきます。

トレーニングの準備

基礎編と同じようにリングを5つつくり、リングを少し重ねるようにして置く。そして、それぞれのリングに何のトランプを分類するか、ルールを決める。リングが重なったところは、「スペード」「絵柄」など2つの条件に当てはまるカードを分類することになる。

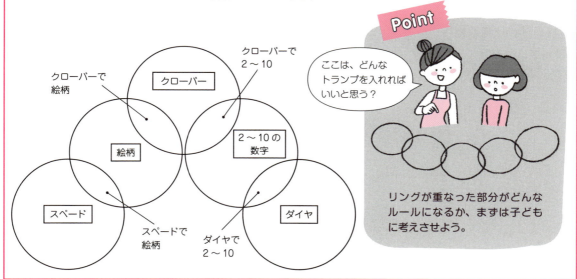

Point

ここは、どんなトランプを入れればいいと思う？

リングが重なった部分がどんなルールになるか、まずは子どもに考えさせよう。

トランプを分類する

トランプの束を手に取って、ルールに従ってできるだけ早く分類していく。

カードとリングをよく見てね

難しい場合は？

子どもがどこに分類してよいか困ってしまった場合は、そのカードは「わからなかったカード」としてまとめておきましょう。最後に一緒に、どこへ分類すればよいか考えるようにしてください。

PART 3 実践！ビジョントレーニング　遊び編

11 折り紙チョキチョキ

育つ視覚機能
- ☑ 視空間認知
- ☑ 眼と体のチームワーク

折り紙をチョキチョキ切って、いろいろな形を切り出します。
眼で見た形を正しく把握し、再現する力を養います。

基礎編

トレーニングの内容

折り紙を半分に折って、○、△、□などの形をはさみで切り出します。大人が切り取り線を書いてあげましょう。

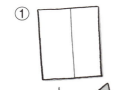
① 折り紙を半分に折る

② 図形を書く

③ はさみで切り取って広げる

●はさみを使うときの注意

安全にはさみを使うためには、きちんといすに座って、テーブルの上で切るようにしましょう。また、けがをしないように紙を動かして、常に手前から奥へ切るように指導します。

こんな形に切ってみよう

まずは、丸や四角などの単純な形からスタートしよう。

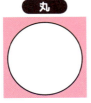
丸

三角形

四角形

ひし形

ハート

十字

手前からゆっくり切ってね

応用編

基礎編より、くねくねと複雑にはさみを動かさなければならない形を切り出します。半分に折った折り紙に、大人が切り取り線を書いてあげましょう。

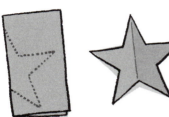
星

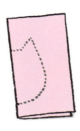

ねこ

くま

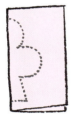

クローバー

花

Point

「切ったらどんな形になると思う？」

はさみで切る前に、「切り取ったらどんな形ができるか」子どもに考えてもらうようにしよう。

難易度アップ

お花の形に切ってごらん

慣れてきたら、切り取り線なしで好きな形を切り出してみよう！

難しい場合は？

トレーニングの前にまず、まっすぐ切る練習から始めましょう。また、人に刃を向けない、持ち歩かないなど、はさみの使い方のマナーも一緒に教えてあげてください。

PART 3 実践！ビジョントレーニング 遊び編

12 リングタッチ

育つ視覚機能
- ☑ 視空間認知
- ☑ 眼と体のチームワーク

指示を見て、聞いて、正しいリングを選んでタッチしましょう。
眼と体の連動をスムーズにするトレーニングです。

基礎編

トレーニングの内容

4つのリングの中から、指定されたリングにすばやくタッチします。大人は、どのリングにタッチすればよいか、はじめは手で、慣れてきたら言葉で指示を出しましょう。

トレーニングの準備

紙に直径10cmくらいのリングを描き、4つつくって並べる。

いすに座って正しい姿勢で行いましょう。

1 手で指示

大人が指をさして「コレ」と指示を出し、子どもはそのリングにすばやく触る。

2 言葉で指示

慣れてきたら、次は「上」「右」「左」「下」などと口頭で指示を出し、子どもは指示されたリングにすばやく触る。

Point

紙を触ればOKではなく、できるだけリングの真ん中をタッチするように指示しよう。

応用編

2つあるいは3つの指示を聞いて、指示通りに、リングを順番にタッチします。複数の指示をしっかり記憶すること、記憶通りに手を動かすことを意識して行います。

1 2連続で指示

大人が、「右」「上」などと、2つの指示を出す。子どもは指示された順番通りに2つのリングをタッチする。

2 3連続で指示

2つの指示通りにタッチできるようになったら、今度は「上」「右」「下」などと3つの指示を出す。子どもは、指示された順番通りに3つのリングをタッチする。

アレンジ・アイデア

リングではなく、人形やおもちゃを使っても楽しくできます。

難易度アップ

4つのリングタッチがうまくできるようになったら、9つのリングタッチに挑戦してみましょう。上下左右のほか、「右上」「左上」「右下」「左下」「真ん中」と指示を出して、同じようにトレーニングしてみてください。リングの数が増えるほど難易度がアップします。

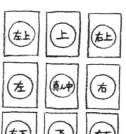

PART 3 実践！ビジョントレーニング 遊び編

13 じゃんけん体操

育つ視覚機能
- ☑ 視空間認知
- ☑ 眼と体のチームワーク

グー・チョキ・パーの描かれたイラストを見ながらじゃんけんぽん！
勝つ手、負ける手など、条件に合わせてすばやく手を動かしましょう。

基礎編

トレーニングの内容

グー・チョキ・パーの手のイラストが描かれたワークシートを見ながら、あいこの手、または勝つ手を出していきます。

1 あいこの手を出す

ワークシートを左上から横方向（Ⓐ方向）へ見て、「チョキ」「パー」「グー」と言いながら、順番にイラストと同じ手を出す。最後まで終わったら、今度は右上から縦方向（Ⓑ方向）へ見ながら、同じように絵と同じ手を出す。

【使用するワークシート】

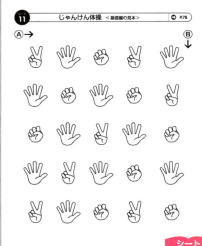

別冊 シート 11

2 勝つ手を出す

ワークシートを横方向へ見て、順番にイラストに勝つ手を出す。一緒に「グー」「チョキ」などの声も出す。最後まで終わったら、次は縦方向へ見ながら、同じようにイラストに勝つ手を出す。

難しい場合は？

慣れるまでは、どこを見ればよいかを大人が手で指示してもOK！

応用編

トレーニングの内容

グー・チョキ・パーのイラストが2つずつ並んだワークシートを使います。イラストを見ながら、あいこになる手、勝つ手、負ける手など、ルールに従って、2つずつ手を出していきます。

【使用するワークシート】

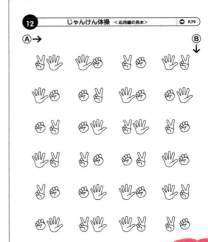

別冊 シート12

1 あいこの手を出す

ワークシートを左上から横方向（Ⓐ方向）へ見て、「チョキ・パー」「パー・グー」などと言いながら、イラストと同じ手を出す。最後まで終わったら、右上から縦方向（Ⓑ方向）へ見ながら行う。

2 勝つ手を出す

ワークシートを横方向へ見て、「グー、チョキ」「チョキ、パー」などと言いながら、勝つ手を出す。終わったら、次は縦方向へ見ながら行う。

3 負ける手を出す

ワークシートを横方向へ見て、「パー、グー」「グー、チョキ」などと言いながら、今度は負ける手を出していく。終わったら、次は縦方向へ見ながら行う。

難易度アップ

トレーニングに慣れてきたら、手拍子やメトロノームに合わせてリズミカルに手を動かせるように練習しましょう。また、徐々にスピードアップすれば、難易度がさらにアップします。

14 まねっこゲーム

育つ視覚機能
- ☑ 視空間認知
- ☑ 眼と体のチームワーク

見本を見ながら、同じポーズをまねしていきます。
なるべくすばやく体を動かして、眼と体の連携をスムーズにしましょう。

基礎編

トレーニングの内容

足のイラストが描かれたワークシートを見本にして、両足のポーズをつくります。メトロノームや手拍子に合わせて、リズミカルに体を動かしましょう。

1 同じポーズをする

ワークシートのイラストを横方向（Ⓐ方向）へ順番に見ながら、一定のリズムに合わせて、足で同じポーズをつくる。次に縦方向（Ⓑ方向）へ見ながら、同様に行う。

【使用するワークシート】

別冊 シート 13

Point
ゆっくりとしたリズムから始めて、徐々に速くしていこう。

2 左右対称のポーズをする

今度はイラストと左右逆のポーズをつくる（ハの字のポーズの場合は逆ハの字に）。ワークシートのイラストを横方向（Ⓐ方向）へ順番に見ながら、一定のリズムに合わせて行い、次に縦方向へ見ながら行う。

応用編

トレーニングの内容

両手・両足を使ったポーズのイラストを見本にして、ポーズをつくります。基礎編と同じように、メトロノームや手拍子に合わせて行います。

【使用するワークシート】

別冊 シート 14

1 同じポーズをする

一定のリズムに合わせて、ワークシートを横方向（Ⓐ方向）へ見ながら、同じポーズをする。次に縦方向（Ⓑ方向）へ見ながら、同様に行う。

「手拍子に合わせてね」

2 左右対称のポーズをする

一定のリズムに合わせて、イラストと左右対称のポーズをする。はじめはワークシートを横方向（Ⓐ方向）へ見ながら、次に縦方向（Ⓑ方向）へ見ながら行う。

難しい場合は？

はじめは手のポーズだけ、次に足のポーズだけをまねする練習から始めてみましょう。全身が映る鏡を見て、自分のポーズを確認しながら行うとよいでしょう。

アレンジ・アイデア

大人がいろいろなポーズをつくり、それを子どもがまねして、トレーニングを行ってもOK！

「まねしてごらん」

PART 3 実践！ビジョントレーニング 遊び編

15 矢印体操

育つ視覚機能
- ☑ 視空間認知
- ☑ 眼と体のチームワーク

矢印の指示に従って移動したり、ジャンプしたりします。
矢印の向きをすばやく把握して、正しく体を動かせるようにしましょう。

基礎編

トレーニングの内容

↑・↓・←・→という4種類の矢印が描かれたワークシートを横方向（Ⓐ方向）、または縦方向（Ⓑ方向）へ順番に見ながら、体を動かします。メトロノームや手拍子のリズムに合わせて行い、徐々にスピードアップしていきましょう。

↑の場合
「上」と言いながら、その場でジャンプ。

↓の場合
「下」と言いながら、しゃがむ。

←の場合
「左」と言いながら、足を左へ1歩出す。

→の場合
「右」と言いながら、足を右へ1歩出す。

【使用するワークシート】

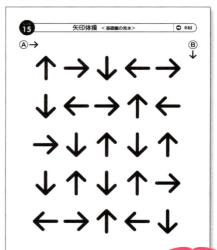

別冊 シート 15

1つの矢印が書かれたボードを回転させながら子どもに見せて、指示を出す方法もある。

応用編

トレーニングの内容

基礎編で出てきた4つの矢印に、↗・↖・↘・↙という斜めの矢印が加わったワークシートを使います。基礎編と同じように、メトロノームや手拍子に合わせて、矢印の指示に従って足を動かしましょう。

【使用するワークシート】

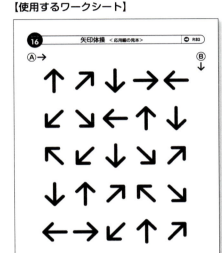

別冊 シート 16

↑・↓の場合

↑は「前」と言いながら利き足を前に1歩出し、↓の場合は「後ろ」と言いながら利き足を後ろに1歩下げる。

←・→の場合

基礎編と同様に行う。

↖・↗の場合

↖の場合は「左前」と言いながら左斜め前へ、↗の場合は「右前」と言いながら右斜め前へ足を1歩出す。

↙・↘の場合

↙の場合は「左後ろ」と言いながら左斜め後ろへ、↘の場合は「右後ろ」と言いながら右斜め後ろへ足を1歩下げる。

難易度アップ

足の動きに加えて、腕の動きも加えます。↑のときは腕を前に、↓のときは腕を後ろに、↗のときは腕を右斜め前にと、足と同じように腕も動かしましょう。

PART 3 実践！ビジョントレーニング 遊び編

16 バランス綱渡り

育つ視覚機能
☑ 眼と体のチームワーク

綱渡りの綱に見立てた線の上を、はみ出さないように歩きましょう。
「眼で見たところへ足を運ぶ」を繰り返すことで、眼と体の連携を高めます。

基礎編

トレーニングの内容

部屋の床にガムテープやビニールテープを貼って、3ｍくらいの線をつくります。その線の上から足がはみ出さないように歩きます。屋外で地面に線を引いて行ってもOKです。

1 まっすぐ歩く

つま先に反対側の足のかかとをつけるように足を運び、線の上をまっすぐ歩く。

「線をよく見てね」

2 ジグザグの線の上を歩く

ジグザグ曲がった道をつくり、まっすぐ歩くときと同じようにして、足がはみ出ないように歩く。

難しい場合は？
姿勢が安定しないときは、大人と手をつないで歩く練習から始めましょう。

アレンジ・アイデア

歩く道の両脇に絵やぬいぐるみなどの障害物を置いておくと、ドキドキ感が増して、子どもも楽しくトレーニングできるでしょう。また、音楽に合わせて歩くのもおすすめです。

応用編

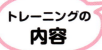
基礎編と同じように、ガムテープやビニールテープで床に線をつくります。その線を利用して、さまざまな歩き方に挑戦しましょう。

1 後ろ向きに歩く

線から足がはみ出さないように、後ろ向きに歩く。後ろを振り返ってよく線を見ながら足を出す。

2 くるくる回りながら歩く

大人が子どもと手をつないで、少し引っぱり上げるようにして、子どもはくるりと回転しながら、線の上を歩く。必ず、線の上に足がのっているようにする。

「足を出すときは線を見るのを忘れないでね」

3 足をクロスさせて歩く

右足は線の左側へ、左足は線の右側へと足をクロスさせるように歩く。慣れるまでは大人と手をつないで歩いてもOK。

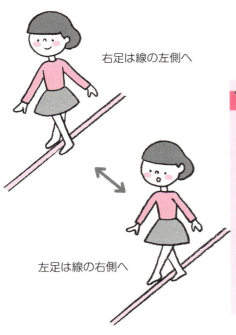

右足は線の左側へ

左足は線の右側へ

★ アレンジ・アイデア

床にただの直線ではなく、途中から二手に道が分かれたT字路をつくり、同じように線から足がはみ出さないように歩きます。分かれ道にきたら、大人は「右へ」「左へ」などの進む方向を指示しましょう。子どもは、右へ曲がるなら「右」と言いながら右手を、左へ曲がるなら「左」と言いながら左手を上げて進みます。

「左！」

PART 3 実践！ビジョントレーニング 遊び編

17 発音カード

育つ視覚機能
☑ 眼と体のチームワーク

眼で見た情報を正しくスムーズに言葉にするトレーニングです。
音読が苦手な子や滑舌の悪い子におすすめです。

基礎編

トレーニングの内容

子どもにとって発音が難しい言葉が書かれたカードをランダムに並べます。大人は、その中から1つ選んで読み上げます。子どもは同じ言葉を声に出して言いながら、そのカードにタッチします。5枚くらいから始めて、慣れてきたら、カードの数を少しずつ増やしていきましょう。

トレーニングの準備

10cm × 4cm くらいの紙に、子どもが発音しにくい言葉を書いてカードをつくる。

どじょう	じゃんけん
びっくり	しょうゆ	どうろ
だちょう	ぎょうれつ

Point
カードは横に広げたり、縦に並べたり、眼がいろいろな方向へ動くように、カードの並べ方も工夫しよう。

子どもが発音しにくい言葉いろいろ

小さい「っ」や小さい「ゃ」「ゅ」「ょ」が入った言葉、「こうえん」などオ段とウ段が続く言葉など。そのほか、右図であげている言葉は子どもが発音しにくい言葉です。

あくしゅ	こうえん	にんぎょ	じどうしゃ	はらっぱ
ひっこし	せんせい	まっしろ	ごうれい	かけっこ
はっけん	おうじょ	じゅんばん	れんしゅう	じゅぎょう
すもう	にゅうがく	クラリネット	しゃっくり	かいちゅうでんとう
きょうりゅう	ちゅうがえり	とうもろこし	くいしんぼう	いっしょうけんめい

応用編

トレーニングの内容

発音しにくい言葉が書かれたカードをランダムに並べます。その中から好きな言葉を選んで、文章をつくり、声に出して読み上げましょう。

1 文章をつくる

2つの言葉をつなげて、文章をつくって声に出して読む。慣れてきたら、3つの言葉を使ってつくる。

並べたら読んでみせて

2つの言葉を使って

「どじょう」が「びっくり」した
「いっしょうけんめい」「かけっこ」をした
「せんせい」と「じゃんけん」をした

3つの言葉を使って

「はらっぱ」に「まっしろ」な「だちょう」がいた
「こうえん」で「きょうりゅう」と「すもう」をした
「おうじょ」が「どうろ」で「ちゅうがえり」をした

2 早く発音する

つくった文章を早口言葉のように、なるべく早く3回声に出して読む。上手に発音できない単語があったら、はじめはゆっくりはっきり言う練習から始める。

どじょうがびっくりした
どじょうがびっくりした
どじょうがびっくりした

難易度アップ

カードは横書きだけでなく、縦書きのものを使ってもよいでしょう。横書きと縦書きを混ぜて並べると、難易度がアップします。

PART 3 実践！ビジョントレーニング 遊び編

Column

「見えにくさ」を補う便利グッズを上手に使おう

見る力が未熟で、「見えにくさ」を感じている子どもたちには、トレーニングで視覚機能を鍛えると同時に、読み書きや工作がしやすくなる補助グッズを上手に利用するのも大切です。「ロービジョン用」「見えにくい人のための」「ユニバーサルデザイン製品」などのキーワードで探すと見つけやすいでしょう。

読書用ガイド

読みたい場所を1行ごとに見ることができる読書用のガイド。色つきのクリアファイルを使って自分でつくってもよい。子どもが見やすい色のファイルを選んでつくるようにしよう。

見やすい定規

目盛りの文字が大きく、1cmごとに目盛りの色が変わっているもの、全体が真っ黒なものなど、見やすいように工夫された定規。

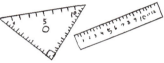

切りやすいはさみ

バネつきで小さな力で切れるはさみや、どんな握り方でも切れるはさみなど、どんな人にも使いやすいデザインのもの。

ペンのグリップ

鉛筆やペンにつけて使うと、すべりにくく持ちやすくなるグリップ。100円ショップでも購入できる。

すべり止めシート

プリントや画用紙がすべらないようにする下敷き。机の上の紙をうまく押さえられず、書いたり、消したりに苦労する子におすすめ。

子どもが書きやすい・見やすいノートを選ぼう

ノートの罫線の太さや色、行の幅やマス目の大きさなどで、書きやすさ・見やすさは違ってきます。また、マス目があるほうが書きやすい子もいれば、反対にマス目があると目がチカチカして書きにくい子もいて、見え方は子どもによって違います。子どもの状態に合わせたノートを選ぶことが大切。線に色をつけたり、太くしたりして、市販のノートに手を加えるのもよいでしょう。

こっちがいい！

実践！
ビジョントレーニング

読み書き・学習編

PART 4では、文字や数字を読んだり、書いたり、また図形を覚えたりしながら、見る力を育てるビジョントレーニングの方法をご紹介します。ワークシートはアイデア次第でアレンジが自由ですから、飽きずに続けられるでしょう。

ワークシートで
繰り返しトレーニング

読み書き・学習編も、子どもが関心をもって行えるよう工夫することが大切。
トレーニングを効果的に行うためのポイントを押さえておきましょう。

毎日少しずつ続ければ効果が出る

　今まで説明してきた通り、見る力は本来、生まれてから徐々に身につけていくものです。そのため、トレーニングをしたからといってすぐに上達するものではありません。ただ逆に、習慣にすれば程度の差はあれ、見る力は必ず成長します。できれば毎日、少しずつでも続けることが大切なのです。その点、ワークシートを使ったトレーニングは、コピーして何度も繰り返し行いやすいという特長があります。

　また、基本的に机の上に置いたシートを見ながら行うので、眼の細かな動きや、それに合わせた手先の動きの訓練になります。本を読んだり、ノートに数字や文字を書くことが苦手な人も、ワークシートトレーニングを続けると、苦手が克服できるでしょう。

子どもに合わせた内容・難易度に

　読み書き・学習編のトレーニングも、遊び編と同じように、子どもがやりたいと思ったものから始めるのがベスト。さらに、子どもに合わせてワークシートを改良して、その子のやる気や興味を持続させる工夫も必要です。

　例えば、子どものレベルに合った難易度のシートを使うこと。難しすぎるとやりたくなりますし、簡単すぎてもつまらなくなるも

のです。迷ったときは、難易度の違う何種類かのワークシートをやらせて、子どもの様子を観察してみましょう。子どもが集中して取り組めたものが、その子に合ったワークシートです。

また、同じものを繰り返し使っていると、正解を覚えてしまってトレーニングにならなくなります。数字や文字を変えたり、色をつけたり、いろいろアレンジして、新しいワークシートをつくりましょう。それぞれのトレーニングには、難易度の調節やアレンジの仕方についてのアドバイスものっているので、参考にしてください。

「見やすく」「書きやすく」を心がけて

トレーニングの効果を最大限に引き出すには、ワークシートの内容だけでなく、その使いやすさやトレーニングの環境にも気を配る必要があります。ワークシートの文字がかすれていたり、机の上が暗かったりすれば、トレーニングに集中できません。もともと見えにくさを感じている子どもたちならば、なおさらです。トレーニングを行う前は、ワークシートが見づらくないか、書きにくくないかをきちんと確認しましょう。

別冊に掲載されているワークシートを必要に応じて拡大コピーしてもよいでしょう。

チェックポイント

- ☑ 線や文字は、くっきり見やすいですか？
- ☑ 文字や図は小さすぎませんか？
- ☑ 机の上の明るさはちょうどよいですか？
- ☑ 鉛筆やペンは持ちやすく、書きやすいものですか？

PART 4 実践！ビジョントレーニング 読み書き・学習編

線なぞり

育つ視覚機能
- ☑ 追従性眼球運動
- ☑ 眼と体のチームワーク

線を端から端まで眼でたどっていくトレーニングです。
線の形に合わせて、眼をなめらかに動かせるように練習しましょう。

基礎編

トレーニングの内容

同じマークからマークへ線を眼で追いながら、指や鉛筆でなぞります。頭を動かさないで、眼だけを動かすようにしましょう。

【使用するワークシート】

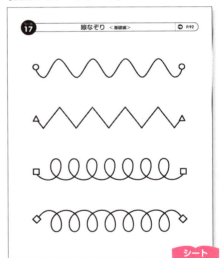

別冊 シート 17

1 指でなぞる

左から右へ、線を指でなぞる。
右から左へも同じように行う。

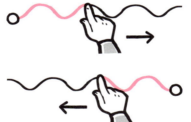

頭は動かさないようにね

2 鉛筆でなぞる

左から右へ、線を鉛筆でなぞる。線からなるべくはみ出さないように、ていねいになぞる。新しいワークシートにかえて、右から左へも同様に行う。

Point

線が交差しているところで進路を間違えないために、線から眼を離さないように注意しよう。

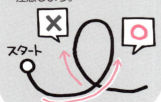

応用編

スタートからゴールまで、またゴールからスタートまでの線を眼で追いながら、指や鉛筆でなぞります。

1 指でなぞる

スタートからゴールまで、線を指でなぞる。次にゴールからスタートまでを指でなぞる。

【使用するワークシート】

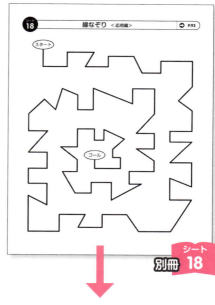

別冊 シート 18

「線からはみ出さないようにね」

Point
視線が飛ぶことなく、最初から最後まで眼を動かせているかをチェックしながら行おう。

★ アレンジ・アイデア
紙を回転させて、いろいろな向きからチャレンジしましょう。

2 鉛筆でなぞる

スタートからゴールまで、線を鉛筆でなぞる。新しいワークシートにかえて、ゴールからスタートまでを鉛筆でなぞる。

Point
曲がり角の部分も、線から指や鉛筆の線がはみ出さないように、ていねいになぞろう。

PART 4 実践！ビジョントレーニング 読み書き・学習編

19 線めいろ

育つ視覚機能
- ☑ 追従性眼球運動
- ☑ 眼と体のチームワーク

いくつもの線が交差しためいろに挑戦です。
正しい道を見失わずにゴールまでたどりつけるように練習しましょう。

基礎編

トレーニングの内容

上から順番に、同じマークからマークへ線をたどっていきます。最終的には指や鉛筆を使わずに、眼だけでたどれるようにします。

1 指でたどる
左から右へ、線を指でなぞる。右から左へも同じように行う。

【使用するワークシート】

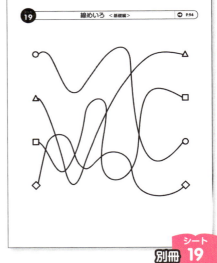

別冊 シート 19

2 鉛筆でたどる
左から右へ、鉛筆で線をなぞる。右から左へも同じように行う。線からなるべくはみ出さないように。

3 眼だけでたどる
指や鉛筆を使わず、眼だけで左から右へ線をたどる。右から左へも同様に行う。

応用編

 基礎編よりも線の数を増やし、複雑になっためいろを使います。マークはすべて同じなので、線を見失わないように気をつけて最後まで線をたどれるようにしましょう。

【使用するワークシート】

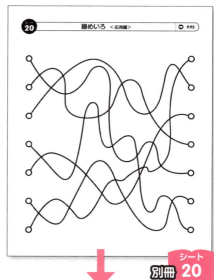

別冊 シート20

1 指でたどる

左から右へ、線を指でなぞる。右から左へも同様に行う。

「頭は動かさないようにね」

2 鉛筆でたどる

左から右へ、線を鉛筆でなぞる。右から左へも同様に行う。

「線からはみ出さないように気をつけてね」

アレンジ・アイデア

シートを回転させて、上から下へ、下から上へ線をたどるトレーニングも行いましょう。

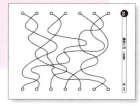

3 眼だけでたどる

左から右へ、眼だけで線をたどる。右から左へも同様に行う。

難しい場合は?

難しくてできない場合は、それぞれの線に色をつけてみましょう。

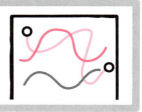

PART 4 実践！ビジョントレーニング 読み書き・学習編

20 ひらがなランダム読み

育つ視覚機能
- ☑ 跳躍性眼球運動
- ☑ 眼と体のチームワーク

ランダムに書かれたひらがなを声に出して読んでいきます。
眼ですばやく対象物をとらえ、言葉に変換する力を養います。

基礎編

トレーニングの内容

ワークシートに書かれたひらがなを、順番に声に出して読んでいきます。横方向（Ⓐ方向）へ読んだら、縦方向（Ⓑ方向）にも読みます。慣れてきたら、徐々に読むスピードを速くしていきましょう。

（吹き出し左）あしもねやくわりれこそよひるふきえ……

（吹き出し右）そほあいさもるりきりこなくらえあね……

【使用するワークシート】

シート21 ひらがなランダム読み ＜基礎編＞　P.96

Ⓐ→　　　　　　　　　　　　　Ⓑ↓

あしもねやくわりれこそ
よひるふきえたさまなほ
たるしとれてもらおくあ
えめとしなまきくじらい
おんやきとりさろふえさ
くなだとわんうめがあも
さくらもやたきよりねる
かのしてうしもかまきり
ことけなすをれみそせき
ゆえもぐらもやたきより

別冊 シート 21

Point

はじめは指で文字を追いながら、ゆっくり読む練習から始めよう。

アレンジ・アイデア

最初から最後まで、どれくらいの時間で読めるか、タイムを計ってみましょう。記録をとってグラフや表にしておくと、子どものやる気もアップします。

応用編

 基礎編よりもたくさんのひらがなが書かれたワークシートを使って、書かれた文字を読んだり、隠れた単語を探したりします。

【使用するワークシート】

1 声に出して読む

ひらがなを横方向（Ⓐ方向）へ、縦方向（Ⓑ方向）へ、順番に声に出して読む。

2 単語を探す

横方向に読みながら、「さくら」「きつね」「くじら」など、決められた単語を見つけて○で囲む。

 難易度アップ

並んだひらがなの一部を消して虫食い状態のワークシートをつくり、同じように横方向や縦方向へ順番に読んでみましょう。視線をランダムに動かす必要があるので、難易度がアップします。

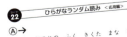

数字ランダム読み

育つ視覚機能
- ☑ 跳躍性眼球運動
- ☑ 眼と体のチームワーク

ランダムに書かれた数字を正しく読んでいくトレーニングです。
見たい数字にすばやく視点を合わせられるように練習しましょう。

基礎編

トレーニングの内容

上下に数字が並んだワークシートを声に出して読んでいきます。最後まで読めたら、また最初に戻って数回繰り返します。頭を上下に動かさず、眼だけで数字を追うようにすることが大切です。左右に数字が並んだワークシートも同様に声に出して読みます。

【使用するワークシート】

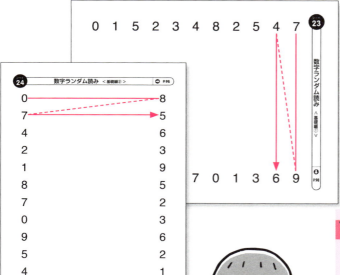

Point
難しければ、指で数字をタッチしながら読む練習しよう。

アレンジ・アイデア

数字を暗記してしまう場合があるので、何度かトレーニングしたら、数字を書きかえて新しいワークシートをつくりましょう。

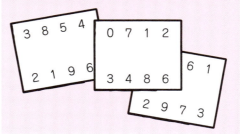

応用編

トレーニングの内容

異なる間隔で縦に数字が並んだワークシートを声に出して読んでいきます。基礎編と同じように、最後まで読めたら、また最初に戻って数回繰り返しましょう。次に数字が横に並んだワークシートも同様に読んでいきます。

【使用するワークシート】

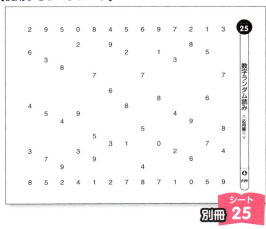

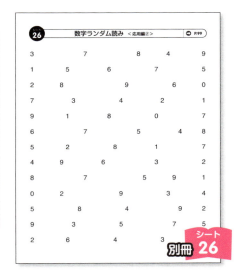

1 すべての数字を読む

ワークシートに書かれた数字を右上から縦方向に、最初から最後まで読む。

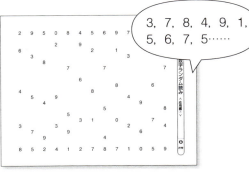

3, 7, 8, 4, 9, 1, 5, 6, 7, 5……

難易度アップ

慣れてきたら、紙を傾けて、同じように数字を読んでみましょう。

2 指定された場所だけ読む

大人が「上から3つ目だけを読んで」「上から2つ目と、下から2つ目の数字だけを読んで」などと、読む場所を指定する。子どもは右から縦方向に、指定された数字だけを読む。

上から2つ目と、下から2つ目だけ読んで

7, 4, 5, 7, 8……

22 数字探し

育つ視覚機能
- ☑ 跳躍性眼球運動
- ☑ 眼と体のチームワーク

バラバラに散らばった数字を順番にタッチしていきます。
眼をすばやくジャンプさせて、探している数字をとらえ、同時に指を動かしましょう。

基礎編

トレーニングの内容

1〜20の数字がランダムに書かれたワークシートを使います。1から順番に数字を見つけ、「1」「2」と声に出しながら指でタッチしましょう。

【使用するワークシート】

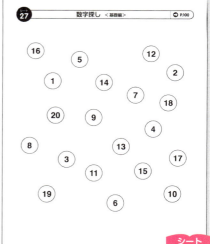

別冊シート 27

Point

数字を読み上げながら、ワークシートに書かれた数字にきちんと指がふれているかもチェックしよう。

アレンジ・アイデア

数字の書かれたカードを用意して床に並べたり、ホワイトボードに数字をランダムに書いたりしてトレーニングを行ってもOK。

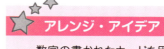

応用編

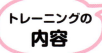

1〜40の数字がランダムに書かれたワークシートを使います。基礎編と同様に、1から順に数字を見つけ、声に出しながら指でタッチします。

【使用するワークシート】

別冊シート28

アレンジ・アイデア

どれくらい速く探せるかタイムを計ったり、親子で競争したりしても楽しめます。

「どっちが速く見つけられるか競争ね!」

 難易度アップ

❶ 「40、39、38、37、36……」

反対に「40」「39」「38」と、大きい数字から小さい数字へ、声に出しながら順番にタッチしていきます。

❷ ワークシートに書かれた数字の大きさや、数字を囲む形をバラバラにすると、眼が散りやすく、数字を探すのが難しくなります。

別冊シート29

PART 4 実践! ビジョントレーニング 読み書き・学習編

101

23 ひらがな表

育つ視覚機能
- ☑ 跳躍性眼球運動
- ☑ 眼と体のチームワーク

ひらがなが書かれた表を使って、文字を読んだり、書いたりします。
眼の動きや眼と手、眼と声の連動をスムーズにするためのトレーニングです。

基礎編

トレーニングの内容
ワークシートに書かれたひらがなを声に出して読んだり、決められた文字に印をつけたりします。

1 声に出して読む

横方向（Ⓐ方向）へ順番に、声に出して読む。読み終わったら、縦方向（Ⓑ方向）へ読む。

【使用するワークシート】
別冊 シート30

2 文字を探しながら読む

大人が、「た」「あ」など文字を指定する。子どもはワークシートに書かれたひらがなを横方向に読みながら、指定された文字に〇をつける。読み終わったら、新たな文字を指定して、同様に〇をつけながら縦方向に読む。

Point
行が変わるとき、読む場所を間違えやすいので注意。はじめは一行一行指でさしながら読んでもOK。

応用編

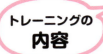
トレーニングの内容

基礎編のひらがな表の一部が空欄になっているワークシートを使って、指定された文字に印をつけながらひらがなを読んだり、書き写したりします。

【使用するワークシート】

別冊 シート 31

1 文字を探しながら読む

大人が、「『い』と『も』」など文字を2つ指定する。子どもは、一部空欄になったひらがな表を横方向に読みながら、指定された2つの文字に○をつける。読み終わったら、新たに2つの文字を指定して、同様に○をつけながら縦方向に読む。

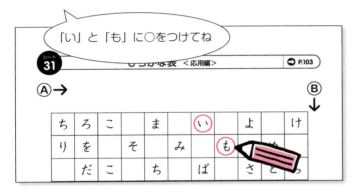

2 書き写す

基礎編で使ったひらがな表を見本にして、空欄部分に見本と同じ文字を書き写す。

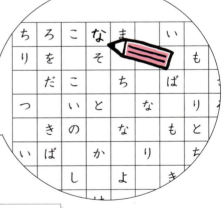

別冊 シート 32

難しい場合は？

応用編の2は、見本と書きこむ表を交互に見ながら、文字の位置を確認するという難易度の高い課題です。まずは、何も書かれていない表にすべての文字を書き写す練習から始めてもよいでしょう。

PART 4 実践！ビジョントレーニング 読み書き・学習編

24 仲間を探せ❶

育つ視覚機能
☑ 跳躍性眼球運動

数字が書かれたワークシートの中から、指定された数字を探します。
見たいものにすばやく視線を合わせ、必要な情報を得る力を養います。

基礎編

トレーニングの内容
2桁の数字が書かれたワークシートを使って、指定された数字を探して印をつけます。

1 1つの数字を探す

大人がワークシートに書かれた数字を1つ指定し、子どもはその数字を探して○をつける。

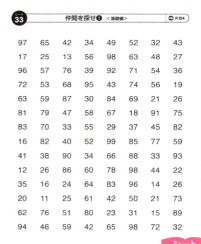

【使用するワークシート】
別冊シート33

2 2つの数字を探す

大人がワークシートに書かれた数字を2つ指定し、子どもはその数字を探して○をつける。

Point
はじめは、一つ一つ数字を読みながら、指定された数字を探すとやりやすい。

応用編

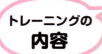

4桁の数字が書かれたワークシートを使います。指定された数字を探して、その数を数えます。

【使用するワークシート】

1 1つの数字を探す

大人がワークシートに書かれた数字を1つ指定し、子どもはその数字がいくつあるか数える。

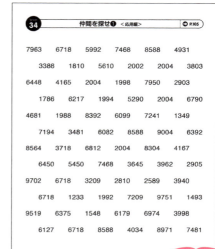

Point

桁が多くなるほど見間違いが多くなるので注意。2357と2367など似ている数字に惑わされないようにしよう。

難しい場合は？

慣れるまでは、見つけた数字に印をつけてから数えてもよいでしょう。

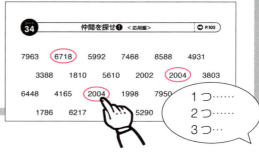

2 2つの数字を探す

大人がワークシートに書かれた数字を2つ指定し、子どもはその数字がいくつあるか数える。

2004と6718を探して、いくつあるか数えてみて

仲間を探せ❷

育つ視覚機能
- ☑ 跳躍性眼球運動
- ☑ 視空間認知

指定されたイラストと同じものを探すトレーニングです。
特徴を見分ける力を身につけることで、ものや文字を正しく識別することにも役立ちます。

基礎編

トレーニングの内容
36匹の動物が描かれたワークシートの中から、指定された動物を探して、○で囲みます。

【使用するワークシート】

別冊 シート 35

1 1種類の動物を探す

大人が「ネコ」「ウサギ」「クマ」など、1つの動物を指定する。子どもはその動物を探して○で囲む。

「ウサギはどこかな？」

2 2種類の動物を探す

大人が「ネコとウサギ」「ウサギとクマ」など、2つの動物を指定する。子どもはその2種類の動物を探して○で囲む。

「ネコとクマを探して○をつけてみよう」

Point
トレーニングの前に、まず、ワークシートに描かれたイラストが何の動物か、子どもと確認しておこう。

「これは？」
「うーんと…キリン？」

応用編

64匹の動物が描かれたワークシートを使います。3つの動物を同時に探したり、細かい模様の違いを見分けたりします。

【使用するワークシート】

1 3種類の動物を探す

「ネコとウサギとクマ」など、3種類の動物を探す。それぞれを〇、□、△で囲む。

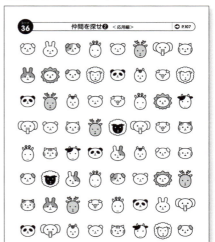

別冊 シート36

2 色・模様の同じ動物を探す

「耳の黒いネコを探す」など、色や模様が同じイラストを探して〇をつける。

 難易度アップ

動物の大きさをバラバラにして、ランダムに配置されたワークシートを使ってトレーニングすると、眼が散りやすくなり、難易度がアップします。

別冊 シート37

PART 4 実践！ビジョントレーニング 読み書き・学習編

107

26 数字レース

育つ視覚機能
- ☑ 跳躍性眼球運動
- ☑ 眼と体のチームワーク

決められたルールを守って数字をたどっていくトレーニングです。
なるべく速くゴールできるように練習して、眼と手の動きを鍛えましょう。

基礎編

トレーニングの内容

数字の並んでいるワークシートの左上からスタートし、数字の下に鉛筆で線を引いていきます。1行目は左から右へ、次の行は右から左へと進みましょう。その際、「5」など指定された数字には、紙から鉛筆を離さず○をつけていきます。

【使用するワークシート】

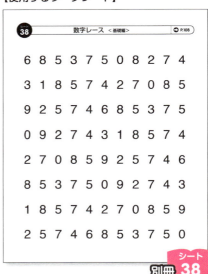

「5」に○をつけながら進もう

決められた数字のところにきたら、紙から鉛筆を離さず○で囲む

スタート →

数字の下に線を引く

行端で折り返して進む

ゴール ←

シート38　数字レース <基礎編>　P.108

6 8 5 3 7 5 0 8 2 7 4
3 1 8 5 7 4 2 7 0 8 5
9 2 5 7 4 6 8 5 3 7 5
0 9 2 7 4 3 1 8 5 7 4
2 7 0 8 5 9 2 5 7 4 6
8 5 3 7 5 0 9 2 7 4 3
1 8 5 7 4 2 7 0 8 5 9
2 5 7 4 6 8 5 3 7 5 0

アレンジ・アイデア

右上の数字からスタートして上から下へ、下から上へと進むトレーニングを行うと、より効果的です。

応用編

トレーニングの内容

左上の数字からスタートし、数字をたどりながらジグザグに線を引いていきます。その際、紙から鉛筆を離さずに、3は○、4は□、5は△で囲みます。指定する数字は毎回変えましょう。

【使用するワークシート】

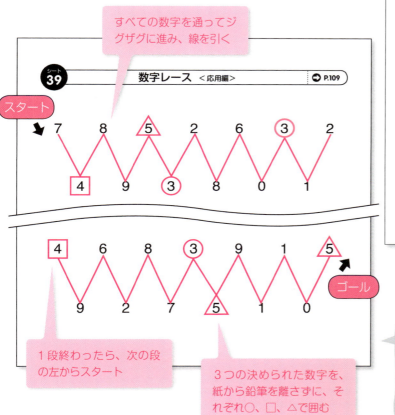

Point

ワークシートを3段に切ってつなげ、横に長い1枚にしてもよい。

なるべく数字に線が重ならないようにしようね

アレンジ・アイデア

本当のレースのようにタイムを計ったり、2人で競争したりしてもよいでしょう。また数字の部分を動物などのイラストにしても◎。遊びとして楽しめるように、いろいろと工夫してみてください。

PART 4 実践！ビジョントレーニング 読み書き・学習編

27 3つの言葉

育つ視覚機能
- ☑ 跳躍性眼球運動
- ☑ 眼と体のチームワーク

連なった3つの単語を声に出して読みます。
眼の動きとともに、文字を「見る」「読む」という眼と体の連携もスムーズになります。

基礎編

トレーニングの内容

3つの単語のかたまりを、一つ一つの単語を区切りながら、声に出して読みます。できるだけ、一定のリズムで読みます。はじめはゆっくりでよいですから、徐々に読むスピードを上げていきましょう。

リズムに合わせて読む

リズミカルに読めるように、大人が「パン・パン・パン」と3回手拍子をする。子どもはそれに合わせて、3つの単語を読む。

やくわり
ほたる
あみ…

【使用するワークシート】

シート40　3つの言葉 ＜基礎編①＞　P.110

やくわり/ほたる/あみ　ふたり/はなし/へそ　もち/おわり/のりまき
さる/せなか/あき　あいさつ/かわ/せなか　ひと/たたみ/つくえ
さいふ/ほね/みせ　まり/すいか/むし　のりもの/つくえ/まめ　かわ/しるし/きつつき
れんこん/はな/むね　いるか/ひかり/こま　もち/かまきり/かた　くま/はたて/あひる
しるし/なまえ/ちかてつ　はなし/とり/ひと　くき/なかま/ぬりえ　はさみ/うま/みんな
ぬま/みつ/あした　たぬき/かたかな/しか　けしき/れんこん/はさみ　まと/しお/ちから
みせ/あひる/あさ　すいか/わに/ひまわり　くすり/すみれ/ひるね　もやし/こし/てんき
いわ/ちくわ/からす　かたち/けし/ふくろ　なまえ/あした/となり　すいか/りす/かいもの
さつまいも/つの/ふくろ　はかせ/くすり/りす　つくし/はかせ/くに　かるた/そらいえ
まるた/まつ/つる　つち/はし/せかい　ふくろ/あし/こし　おや/きもち/かたち
かき/にわとり/もやし　うちわ/ほこり/にもつ　からす/てつ/くも　ひよこ/かめ/むし
くも/きつね/かみなり　あり/まと/もやし　とまと/あたま/せなか　ゆき/つき/かけら
せみ/ひろ/へちま　たい/きつね/えさ　くみ/おつかい/とし　そら/へちま/にもつ

別冊シート40

難しい場合は？

単語と単語の区切りを眼で確認しやすいよう、ワークシートを拡大したり、区切り線に色をつけたりしてもよいでしょう。

シート40　3つの言葉 ＜基礎編①＞

やくわり/ほたる/あみ　ふたり/はなし/へそ　もち/おわり/のりまき
さる/せなか/あき　あいさつ/かわ/せなか　ひと/たたみ/つくえ
さいふ/ほね/みせ　まり/すいか/むし　のりもの/つくえ/まめ　か
れんこん/はな/むね　いるか/ひかり/こま　もち/かまきり/かた
しるし/なまえ/ちかてつ　はなし/とり/ひと　くき/なかま/ぬりえ
ぬま/みつ/あした　たぬき/かたかな/しか　けしき/れんこん/はさ
みせ/あひる/あさ　すいか/わに/ひまわり　くすり/すみれ/ひるね

Point

最初のうちは、読む行に下敷きや定規を当てると、どこを見て読めばよいかがわかりやすい。

応用編

トレーニングの内容

基礎編と同様に、3つの単語のかたまりを、一つ一つの単語を意識して読みます。ただし、単語と単語の間の区切り線がないので、難易度はアップします。できるだけスムーズに、リズミカルに読めるように練習しましょう。

1 近くを見て読む

大人が手拍子をして、そのリズムに合わせ、子どもは手元にあるワークシートを見ながら読む。

【使用するワークシート】

別冊 シート 42

難しい場合は?

まず、子どもが自分で、単語と単語の間に区切り線を引いて読む練習から始めてもOK。

アレンジ・アイデア

基礎編も応用編も、スムーズに読めるようになったら、縦書きにアレンジしたワークシートでトレーニングしてみましょう。

別冊 シート 41

2 遠くを見て読む

ワークシートを拡大して、壁などに貼り、約3m離れたところに立って読む。

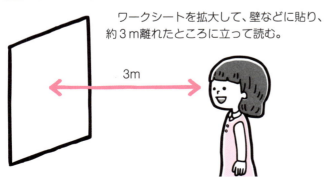

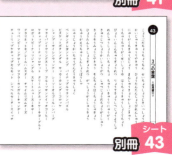
別冊 シート 43

PART 4 実践！ビジョントレーニング 読み書き・学習編

どこにいるかな？

育つ視覚機能
- ☑ 視空間認知
- ☑ 眼と体のチームワーク

簡単な地図に指示された通りの道順を書きこむトレーニングです。
主に方向や空間を認識する力を養います。

基礎編

トレーニングの内容

横に4つ、縦に4つのブロックが並んだワークシートを地図として使います。大人が東西南北を使って指示を出し、子どもはスタートから地図に道順を書いていきます。最後に、正しい場所にいるかを確認しましょう。

トレーニングの準備

大人用、子ども用にワークシートを2枚用意する。大人用には、スタートの位置と道順を書きこんでおく。子どものワークシートにはスタート位置を書く。

【使用するワークシート】

別冊 シート44

指示通りに道順を書く

大人が「南に曲がって」「東へ曲がって」などと、指示を出す。子どもはスタート地点から指示通りに進み、道筋をワークシートに記入する。書き終わったら、大人用のワークシートと比べて、答え合わせをする。

「スタートして東へ曲がって南へ曲がって…」

やり方の例

スタートして南へ曲がって❶、東へ曲がって❷、北へ曲がって❸、東へ曲がって❹、南へ曲がって❺、東へ曲がって❻、南へ曲がって❼、西へ曲がって❽、南へ曲がったら❾、どこにいるでしょう？

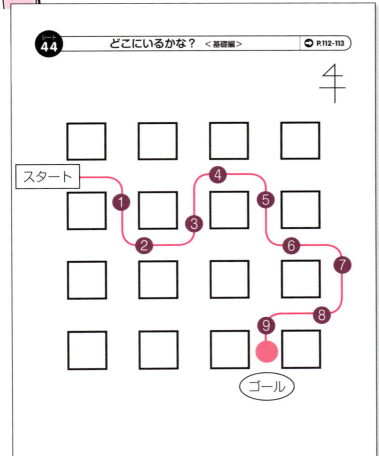

難しい場合は？

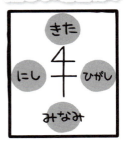

慣れるまでは、ワークシートに東西南北を書きこんでおいたり、東西南北が書かれた紙を近くに置いたりしても OK。

PART 4 実践！ビジョントレーニング 読み書き・学習編

Point

地図に書きこむ線はできるだけ、ていねいに、まっすぐに引くように心がけよう。それも「眼と体のチームワーク」を育てる訓練になる。

どこに向かって線を引くか、考えてね。先を見ながら引くと、まっすぐに引けるよ

力を入れすぎないで、スーッと引いてごらん

応用編

トレーニングの内容

横に5つ、縦に5つのブロックが並んだワークシートを地図として使います。基礎編と同様に大人が指示を出しますが、そのとき、方向は「左」「右」、進む距離は「1ブロック」「2ブロック」で表します。子どもはその指示に従って、地図に道順を書きこみます。頭の中で方向と距離を考えながら進んでいかなければならないので、難易度の高いトレーニングです。

【使用するワークシート】

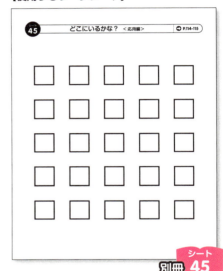

別冊 シート45

トレーニングの準備

基礎編と同様に、大人用、子ども用のワークシートを用意して、スタート位置や道順を書きこんでおく。曲がり角に「右」「左」とメモを入れておくと指示しやすい。

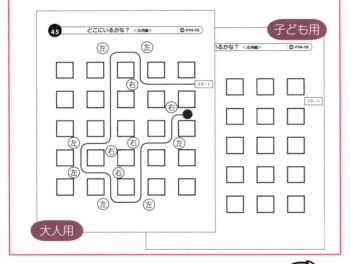

指示通りに道順を書く

大人が「1ブロック進んで右へ曲がって」「2ブロック進んで左へ曲がって」などと、指示を出す。子どもは地図上を自分が歩いていると想定して、指示通りに進み、その進んだ道筋をワークシートに書く。

Point
できるだけワークシートを回転させないで、できるようにしよう。

Point
はじめは左右がどちらか混乱する子どもも多いので、その場合は、小さい人形を指示通り動かす練習から始めるとわかりやすい。

ここで右に曲がるよ 右はどっち？

やり方の例

スタートして、
1ブロック先を右に曲がって❶、
3ブロック先を左に曲がって❷、
2ブロック先を左に曲がって❸、
1ブロック先を右に曲がって❹、
1ブロック先を左に曲がって❺、
1ブロック先を右に曲がって❻、
1ブロック先を左に曲がって❼、
1ブロック先を左に曲がって❽、
2ブロック先を右に曲がると❾、
どこにいるでしょう？

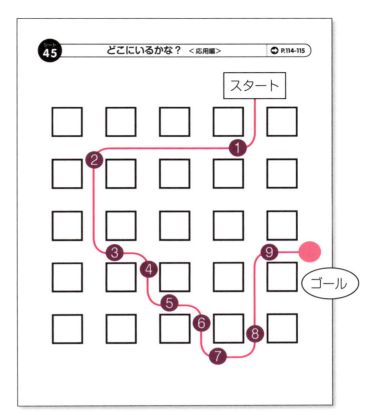

アレンジ・アイデア

❶

子どもと大人の役割をチェンジします。子どもがスタートからゴールまでの指示を出し、大人がワークシートに道順を書きこんでいきましょう。その場合、子どもが指示を出しやすいように、ブロックに「花屋」「○○ちゃんの家」などと、場所の名前をつけてもOKです。

❷

町歩きマップや遊園地の園内マップなど簡単な地図を使って、同じようにトレーニングするのも楽しいのでおすすめ。

PART 4 実践！ビジョントレーニング 読み書き・学習編

29 形のかけら

育つ視覚機能
☑ 視空間認知

三角形や四角形の欠けた部分に当てはまる形を選びます。
見えない部分をイメージし、形の全体像を把握する力が鍛えられます。

基礎編

トレーニングの内容
一部分が欠けた三角形の見本を見て、その欠けた部分に入る図形はどれかを、①〜④の選択肢から選びます。

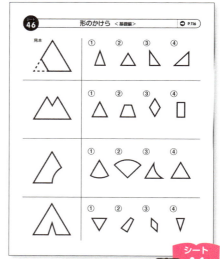

【使用するワークシート】
別冊 シート 46

Point
すべての問題が見えていると、視線があちこちに動いてしまう子どももいるので、1つの問題だけが見えるように、残りは紙などで隠しておくとやりやすい。

難しい場合は?
はじめは紙でパズルをつくってトレーニングをしてもよいでしょう。実際に組み合わせて考えられるので、理解しやすくなります。

応用編

トレーニングの内容

一部分が欠けている四角形の見本を見て、その欠けた部分に入る図形を選択肢の中から探します。基礎編よりも選択肢の中に似ている図形が多く、難しくなっているので、慎重に考えてみましょう。

1 見本を見ながら選ぶ

見本を見ながら、欠けた部分に当てはまる図形を①〜④の選択肢から選ぶ。

【使用するワークシート】

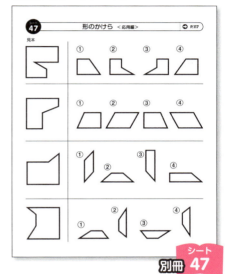
別冊 シート 47

Point
どの選択肢が当てはまるか、頭の中で図形を回転させて、動かして考えてみよう。

2 見本を見ないで選ぶ

見本を見て覚えたら、見本を隠し、欠けた部分に当てはまる図形を①〜④から選ぶ。問題ごとにバラバラにし、見本と選択肢も切り離しておくとよい。

難しい場合は？

練習①

見本を切り取って、欠けた部分に補助線を引き、選択肢の描いてある紙を回転させながら答えを選びます。

練習②

見本を切り離さないままで補助線を引いて、紙は回転させずに答えを選びます。

PART 4 実践！ビジョントレーニング 読み書き・学習編

30 形と順番の記憶

育つ視覚機能
☑ 視空間認知

ワークシートに描かれた図形とその順番を正しく記憶します。
瞬間的に形を認識して、頭の中で再現する力を養います。

基礎編

トレーニングの内容
図形が3～5個並んだ見本を見て、その形と順番を記憶します。見本を隠して、記憶した図形を順番通りに、紙に描きましょう。

【使用するワークシート】

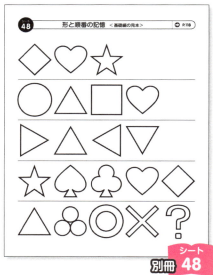

別冊 シート 48

Point 見本を折りたたみ、覚える図形だけが見えるようにする。

次の問題はこれだよ

Point 覚えたら一度眼を閉じ、頭の中で覚えた形をイメージしてから、それを紙に描くとよい。

アレンジ・アイデア
慣れてきたら、「覚える時間は10秒」というように、時間を区切って行いましょう。

10秒ね。よーい、スタート

応用編

トレーニングの内容

図形が5〜8個並んだ見本を使います。基礎編と同じように形と順番を記憶し、覚えた図形を紙に描きましょう。

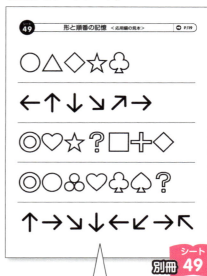

【使用するワークシート】

別冊 シート 49

見本の形を頭の中に思い浮かべてごらん

Point

「丸、三角、ひし形……」などと言葉を口に出して覚えようとするのではなく、頭の中で形をイメージすることが大切。

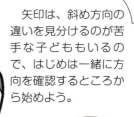

矢印は、斜め方向の違いを見分けるのが苦手な子どももいるので、はじめは一緒に方向を確認するところから始めよう。

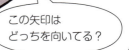

この矢印はどっちを向いてる？

難しい場合は？

覚えた図形をきれいに描くのが苦手な場合は、答え合わせのとき、見本を見ながらもう一度、きれいに描く練習をしてみましょう。

PART 4 実践！ビジョントレーニング 読み書き・学習編

形と場所の記憶

育つ視覚機能
☑ 視空間認知

碁盤のようなマス目のどこに、どんなマークが描かれていたかを記憶します。「記憶して描き出す」練習で、眼で見た形を正しく把握する力を育てましょう。

基礎編

トレーニングの内容
5×5のマス目に、○・△・□が描かれた見本を見て、どこにどの図形が描かれているかを覚えます。見本を隠して、解答欄に同じように図形を描きましょう。

見て覚える

【使用するワークシート】

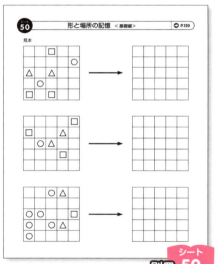

別冊シート50

Point
覚える時間は、1つの見本につき30秒くらいを目安に、子どもの様子に合わせて調節するとよい。

見本と同じように描く

アレンジ・アイデア
見本は、どの向きから見るかでマークの場所が変わるので、切り離して回転させて使いましょう。△の向きが変わるので、難易度もアップします。

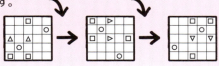

応用編

トレーニングの内容

5×5のマス目に、○・△・□・×が描かれた見本を見て、どこにどの図形が描かれていたかを覚えます。次に見本を隠して、解答欄に同じように図形を描きます。

【使用するワークシート】

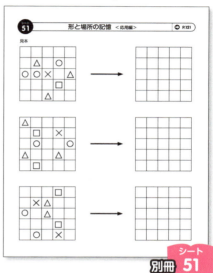

別冊 シート 51

Point

子どもの解答が間違っていても、見本を見ながらやり直すのはNG。正解しているところや、進歩したところをほめて、「見て、覚える」訓練を繰り返すこと。そうやって、徐々に正解に近づけていくように。

アレンジ・アイデア

ホワイトボードにマス目を書いて、そこにいろいろな形のマグネットをはりつけて見本にしても、楽しくトレーニングできます。子どもが見て覚えたら、マグネットを取りはずし、見本と同じ場所にマグネットを貼りつけてもらいましょう。

PART 4 実践！ビジョントレーニング 読み書き・学習編

121

32 点つなぎ

育つ視覚機能
- ☑ 視空間認知
- ☑ 眼と体のチームワーク

見本と同じように点をつないで図形を描くトレーニングです。
複雑な形も正しく把握できるように練習しましょう。

基礎編

トレーニングの内容

縦に3つ、横に3つの点が書かれた正方形のスペースを使って、点と点を結ぶように鉛筆で線を書き、解答欄に見本と同じ形を描きます。

Point
点からずれないように、まっすぐな線を引こう。

「点と点をつなげるように線を引いてごらん」

【使用するワークシート】

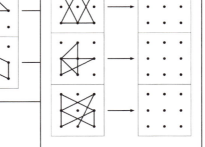

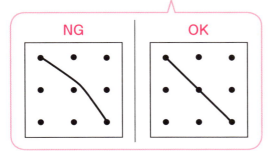

アレンジ・アイデア

見本を切り離し、回転させていろいろな方向から見て描き写してみましょう。

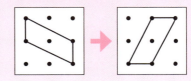

難しい場合は?

練習❶

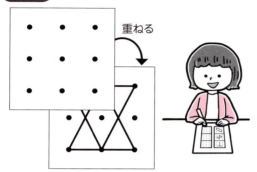

まず見本と解答欄を切り離し、見本に解答用の用紙を重ねて、描き写す練習をしてみましょう。

練習❷

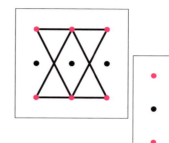

いくつかの点に色をつけてみましょう。そこが目印になって、描き写すときのヒントになります。

やってみよう！ 定規を使って直線を引こう

　定規を使って線を引くのは、子どもにとって案外難しいこと。「片手で定規を押さえ、もう片方の手で線を引く」という違う動きをしなければならないからです。そのため、力の加減を間違えると定規がすべってしまったり、鉛筆をスムーズに動かせなかったりします。

　定規を上手に使うためには、何度も練習して慣れる必要があるでしょう。下のようなコツを教えながら、点つなぎのトレーニングでも定規を使って線を引く練習をしてみてください。

コツ❶

定規に軽く手を添えて、点と点に合わせる。

コツ❷

定規をしっかり押さえる。鉛筆を持つ手には力を入れすぎない。

コツ❸

スタート地点に鉛筆を当て、ゴール地点を見ながら、鉛筆を動かす。

PART 4　実践！ビジョントレーニング　読み書き・学習編

応用編

トレーニングの内容

縦横に5つずつ、あるいは縦横に7つずつ点が書かれた正方形のスペースを使います。見本を見ながら、点と点を結ぶように鉛筆で線を書き、同じ図形を描き写しましょう。

1 見本を近くで見て描く

基礎編と同様に、見本を見ながら、解答欄に同じ図形を描く。

【使用するワークシート】別冊 54・55・56

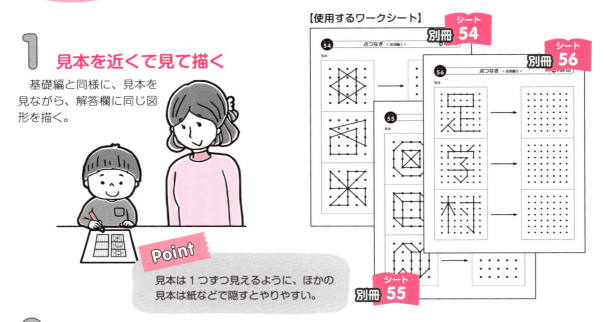

Point 見本は1つずつ見えるように、ほかの見本は紙などで隠すとやりやすい。

2 見本を30cm離して描く

見本と解答欄を切り離して、見本を30cmほど離れた場所に置く。それを見ながら、同じ図形を描く。

「見本をよく見て描いてね」

3 見本を3m離して描く

見本を拡大コピーして壁などに貼る。約3m離れた場所で見本を見ながら、同じ図形を描く。

Point 離れた場所に見本があると、眼をたくさん動かす必要があるので、難易度がアップする。その分、眼が疲れやすいので、子どもの様子を見て、休憩しながら行うこと。

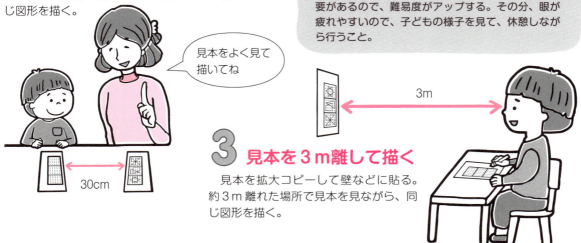

難易度アップ

❶ 見本を一度見て覚えてから、見本を隠して同じ図形を描きます。

❷ 見本の点を徐々に減らしていきます。線の長さや位置がとらえにくくなるので、どんどん難しくなります。

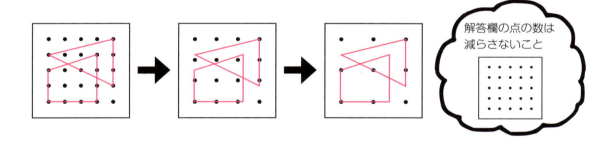

解答欄の点の数は減らさないこと

❸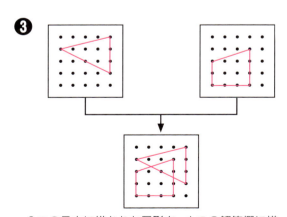

2つの見本に描かれた図形を、1つの解答欄に描き写します。

❹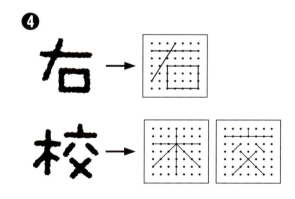

習った漢字を点つなぎで表してみましょう。1つのシートに書くのが難しければ、へんとつくりなど部首ごとに、別々の紙に書いてもOKです。このトレーニングをすると、漢字の覚えもよくなります。

ビジョントレーニングの カリキュラム例 学校編

学級でビジョントレーニングを行う場合の1年間のカリキュラム例をご紹介します。
見え方に問題のある子も、ない子も一緒に行ってみてください。

期間	頻度	トレーニング内容		時間
1学期（眼球運動トレーニング中心）	毎日	キョロキョロ運動　PART3　54ページ		朝の会で3分
	月・水・金	コロコロキャッチ　PART3　56ページ 線めいろ　PART4　94ページ ひらがなランダム読み　PART4　96ページ 数字探し　PART4　100ページ	この中から2つ	朝の会で 3分×2
	火・木	お手玉タッチ　PART3　58ページ 線なぞり　PART4　92ページ 数字ランダム読み　PART4　98ページ ひらがな表　PART4　102ページ	この中から2つ	朝の会で 3分×2
	週1回	ブロックストリングス　PART3　62ページ 3Dビジョン　PART3　64ページ 折り紙チョキチョキ　PART3　74ページ リングタッチ　PART3　76ページ じゃんけん体操　PART3　78ページ まねっこゲーム　PART3　80ページ	この中から2つ	授業の中で 3分×2

期間	頻度	トレーニング内容		時間
2学期（視空間認知トレーニング中心）	毎日	キョロキョロ運動 PART3 54ページ		朝の会で3分
	月・水・金	テングラム・パズル PART3 66ページ 形のかけら PART4 116ページ 形と順番の記憶 PART4 118ページ	この中から2つ	朝の会で3分×2
	火・木	スティック・パズル PART3 68ページ 仲間を探せ❷ PART4 106ページ 点つなぎ PART4 122ページ	この中から2つ	朝の会で3分×2
	週1回	トランプ・メモリー PART3 70ページ 仲間で分けよう PART3 72ページ 矢印体操 PART3 82ページ	この中から2つ	授業の中で3分×2
3学期（より応用力が必要なトレーニング）	毎日	キョロキョロ運動 PART3 54ページ ＋ 発音カード PART3 86ページ 仲間を探せ❶ PART4 104ページ 数字レース PART4 108ページ	この中から2つ	朝の会で3分×3
	週1回	3つの言葉 PART4 110ページ どこにいるかな？ PART4 112ページ 形と場所の記憶 PART4 120ページ	この中から2つ	授業の中で3分×2

カリキュラムを立てるときのポイント

●キョロキョロ運動はトレーニングの基本となるものなので、毎日行うのがベスト。

●できるだけ簡単なもの、子どもが好きなものからトレーニングをスタートする。

●飽きないように、いくつかのトレーニングを組み合わせて行う。

●時間は1日15分以内を目安にする。

●カリキュラムはあくまでたたき台と考え、子どもの様子やレベルに合わせて柔軟に変更する。

●得意な子には苦手な子のサポートをしてもらうと、思いやりの気持ちが育つ。

PART 4 実践！ ビジョントレーニング 読み書き・学習編

ビジョントレーニングの カリキュラム例 家庭編

家庭でトレーニングを行う場合のカリキュラム例です。この内容を参考にして、子どもの状態に合わせたカリキュラムを作成するとよいでしょう。

特に視空間認知が苦手な子に

期間	トレーニング内容	時間
1か月目	キョロキョロ運動 PART3 54ページ ＋ テングラム・パズル PART3 66ページ スティック・パズル PART3 68ページ 折り紙チョキチョキ PART3 74ページ リングタッチ PART3 76ページ まねっこゲーム PART3 80ページ （この中から2〜3つ）	全体で15分
2〜3か月目	キョロキョロ運動 PART3 54ページ ＋ トランプ・メモリー PART3 70ページ どこにいるかな？ PART4 112ページ 形と順番の記憶 PART4 118ページ 形と場所の記憶 PART4 120ページ 点つなぎ PART4 122ページ （この中から2〜3つ）	全体で15分
4か月目	キョロキョロ運動 PART3 54ページ ＋ 上記の中で子どもが苦手なトレーニング（1〜2つ） ＋ 子どもの好きなトレーニング	全体で15分

特に眼球運動が苦手な子に

期間		トレーニング内容		時間
1か月目	追従性眼球運動のトレーニング中心	キョロキョロ運動 PART3 54ページ **+** コロコロキャッチ PART3 56ページ お手玉タッチ PART3 58ページ 洗濯ばさみゲーム PART3 60ページ まねっこゲーム PART3 80ページ 線なぞり PART4 92ページ 線めいろ PART4 94ページ	この中から2〜3つ	全体で15分
2か月目	跳躍性眼球運動のトレーニング中心	キョロキョロ運動 PART3 54ページ **+** じゃんけん体操 PART3 78ページ ひらがなランダム読み PART4 96ページ 数字ランダム読み PART4 98ページ 数字探し PART4 100ページ ひらがな表 PART4 102ページ 仲間を探せ❷ PART4 106ページ	この中から2〜3つ	全体で15分
3か月目	両眼のチームワーク・眼と体のチームワークのトレーニング中心	キョロキョロ運動 PART3 54ページ **+** ブロックストリングス PART3 62ページ 3Dビジョン PART3 64ページ 折り紙チョキチョキ PART3 74ページ バランス綱渡り PART3 84ページ 発音カード PART3 86ページ 3つの言葉 PART4 110ページ	この中から2〜3つ	全体で15分
4か月目	子どもが苦手なトレーニング中心	キョロキョロ運動 PART3 54ページ **+** 上記の中で子どもが苦手なトレーニング（1〜2つ） **+** 子どもの好きなトレーニング		全体で15分

PART 4 実践！ ビジョントレーニング 読み書き・学習編

効果的にトレーニングするために
ビジョントレーニング Q&A

トレーニングのやり方や効果など、ビジョントレーニングについてのよくある質問と、監修の北出勝也先生のお答えをご紹介します。トレーニングを行う際の参考にしてください。

Q ビジョントレーニングで視力は回復しますか？

A PART 2 でも説明した通り、ビジョントレーニングは、「眼ですばやく映像をとらえる」「見たものを正しく理解する」「見たものに合わせて体を動かす」といった、視力以外の視覚機能を鍛えるためのものです。**もともと視力回復を目的にしていないので、近視や遠視などが治ることはありません。**

とはいえ、まれにトレーニング後、少し視力がよくなったという方もいます。**これは視力低下の原因が「仮性近視」である場合です。**仮性近視とは、眼のピントを調節する毛様筋が緊張して近視が起こる症状。その場合、ビジョントレーニングで筋肉の緊張がほぐれ、ピントが合いやすくなって視力が回復します。ただし、仮性近視の子どもはそれほど多くないので、ビジョントレーニングで視力が回復することはほとんどないと考えたほうがよいでしょう。

Q どのくらいの期間やると効果が出ますか？

A ビジョントレーニングの効果がどれくらいであらわれるかは、トレーニングの種類や頻度にもよりますし、個人差もあります。**しかし毎日続けた場合、一般的に 3 週間〜3 か月でものが見えやすくなったり、字がきれいになったりといった効果が出ています。**特に眼球運動のトレーニングは筋肉にも直接作用するので、効果があらわれやすいでしょう。

反対に視空間認知のトレーニングは効果が出るまでに、ある程度の時間が必要です。繰り返し行うことで、脳の神経回路をつなぎ、太くしなければならないからです。人によっては視空間認知の機能が向上するまでに半年〜1 年くらいかかる場合もあります。**ただ、どんな子でもやれば必ず効果があらわれるので、根気強く続けることが大切です。**

Q 長時間やればやるほど効果が上がりますか?

A ビジョントレーニングは筋トレと同じで、**続けることがいちばん大切です。**一度に長時間やらせようとすると、子どもはトレーニングをやりたがらなくなり、結果的に視覚機能の向上につながりません。

やってみるとよくわかりますが、眼を意識的に動かすのはとても疲れるものです。**集中してやれるのは長くても20分くらいだと考えてください。**特に見る力の未熟な子どもの場合は、2〜3分くらいから始めたり、1分×3回など細かく分けて行ったりするとよいでしょう。ただ、パズルトレーニングなど、子どもが喜んでやっている分には続けさせてもOKです。

Q 一生続けないといけないのですか?

A 一度自転車に乗れるようになると、乗り方を体が覚えて忘れないように、ビジョントレーニングで成長した視覚機能がすぐに失われることはありません。**平均的に1年くらいトレーニングを続ければ効果が定着すると考えられます。**ただ、少し効果があらわれたからといってすぐにトレーニングをやめてしまうのはNG。**効果があらわれた後もしばらくトレーニングを続けるのがポイントです。**また、一度トレーニングを中断した後も、ときどき眼球運動などのトレーニングを行うと、眼や脳の刺激になり、視覚機能を高く維持できます。

Q トレーニングをあまりやりたがりません。どうすればよいですか?

A 子どもがトレーニングを嫌がるのは、「楽しくないから」「苦痛だから」でしょう。なぜそう感じるのか、44ページも参考にしながら、トレーニングの内容や量などを見直してみてください。

まずは、たくさんのことをやらせようとしないで、**できるものを1分でもやってみるところから始めましょう。**毎日できなくてもOKです。子どもの様子を見て、「今ならできそう」と感じたときに一緒にやってみて、子どものやる気や自信を引き出しましょう。

PART **4**

実践! ビジョントレーニング 読み書き・学習編

また、大人の態度や声かけに問題がある場合も。疲れているときに無理やりやらせよう としたり、「ここが間違っているからもう1回」「もう少しがんばらなきゃ」などと、できな いところを指摘したりしていませんか？　「子どもの見えにくさをどうにかしてあげたい」 という気持ちが強すぎると、焦ってしまうのもわかります。その気持ちをぐっと抑えて、心 に余裕をもって子どもと接してあげてください。

子どもの性格や理解度によっては、なぜビジョントレーニングが必要なのかを説明する と、やる気を引き出せる場合もあります。その場合、「きれいな字を書いたり、本を上手に 読んだりするためにやるトレーニングだよ」「サッカーや野球をやるとき、ボールがよく見 えるようになるよ」などと、子どもの興味に合わせて、トレーニングをやるメリットを説明 するとよいでしょう。

Q パソコンやゲームを使ってトレーニングできますか？

A トレーニングの一つとしてパソコンやゲームを活用することはできます。例えば、 パソコンのタイピングソフトを使えば、眼と手を同時に動かすので、見る力の訓練 になります。また、パソコンや iPad 用のビジョントレーニングのソフトもあるので、利用 してもよいでしょう（「ビジョントレーニングⅡ」／開発・販売：レデックス／監修：北出勝 也）。ゲームの場合は小さな画面を見るものよりも、Wii のようなテレビ画面を見ながら体を 動かすものがおすすめです。ただし、パソコンやゲームだけだとトレーニング内容が偏りま す。本書で紹介しているような遊びやワークシートのトレーニングも一緒に行うとよいでしょ う。

Q トレーニングに最適な時間帯などはありますか？

A トレーニングにおすすめの時間帯は特にありません。朝、学校に行く前でも、学 校から帰った後でもよいので、子どもの調子に合わせて行ってください。ただ、宿 題やゲームをやった後など、眼が疲れているときは避けたほうがよいでしょう。

Q 老眼の予防に効果がありますか？

A 老眼が始まってしまった後、それを改善する効果はあまりありませんが、老眼になる前に行うと効果が出るトレーニングはあります。老眼は見たいものにピントを合わせる機能、つまり眼を寄せたり離したりする動きがうまくできなくなって起こります。ですからブロックストリングス（62ページ参照）や３Ｄビジョン（64ページ参照）を行って、寄り眼・離し眼の練習を習慣にすると効果的です。老眼になる時期を遅らせる効果は期待できるでしょう。

Q トレーニング後にやったほうがよいことはありますか？

A トレーニングを行った後は眼が疲れているので、すぐにテレビを見たり、ゲームをしたりしないで、**眼を休めるようにするのがベストです。**いすに座って眼を閉じてリラックスします。蒸しタオルなどで眼の周りを温めてもよいでしょう。

その後、イメージトレーニングも一緒に行うのがおすすめ。子どもに「眼を閉じたままで、楽しいことを想像してごらん」と声をかけて、自分が好きで楽しいこと、うれしいことをしているところを数分間、想像させます。もし思いつかないようなら、「この間の遊園地、楽しかったね」「何の乗り物がおもしろかった？」などと誘導してもＯＫです。**楽しい気持ちで締めくくれば、トレーニングのイメージもよくなります。**

Q 飽きないように毎日違うトレーニングをしてもよいですか？

A 飽きないようにトレーニングの種類を増やすのはよいですが、１回やっただけで、うまくできないまま放っておくのはよくありません。**視覚機能を高めるには、１日おき、２日おきでも、上手にできるようになるまで続けたほうがよいでしょう。**

特に、眼球運動は「ものを見る」ときの第一ステップで視覚機能の基礎となるもの。ウォーミングアップになるので、毎回行うのがベストです。

PART 4

実践！ ビジョントレーニング 読み書き・学習編

Q 1週間の旅行中、トレーニングを休んでも大丈夫ですか？

A 1か月くらいトレーニングを休むのはよくありませんが、**1週間程度であれば、トレーニングを中断しても視覚機能が急激に低下することはありません。** ただ、トレーニングはできなくても、**旅行の中で意識的に眼を動かすことはできるはずです。** 50ページのコラムで紹介した「親子で散歩」のように、「木にセミがとまっているよ」「星がきれいだね」などと、子どもがいろいろな景色に眼を向けられるように声をかけるとよいでしょう。

Q トレーニング後の眼の痛み。病院へ行ったほうがよいですか？

A ビジョントレーニングをやり始めたころに眼の痛みを訴える子は少なくありませんが、一時的なことがほとんどです。特に寄り眼などの眼球運動トレーニングは普段以上に眼の筋肉を使うので、痛みを感じやすいようです。子どもの様子をよく見て、疲れているなと思ったら、**痛みを感じる前にトレーニングを終了するのがベストです。**
　痛みを訴えたときは、すぐにトレーニングを中断し、眼を休めましょう。 痛みが治まれば、次の日からトレーニングを再開しても問題ありません。もし万が一、痛みが続く場合は眼科を受診してください。

Q 視覚機能の専門家はどうやって探せばよいですか？

A 次ページに専門家のいる施設を掲載していますが、そのほかで専門家を探したい場合は、各都道府県の発達障害支援センターに問い合わせるとよいでしょう。各地域で行われている視覚発達支援についての情報を得ることができると思います。ただし、その情報量には地域差があるようです。もし、どうしても情報がない場合は、視機能トレーニングセンター Joy Vision（135ページ）までお問い合わせください。

134

視覚機能の専門家がいる機関

視機能トレーニングセンター Joy Vision
（ジョイ ビジョン）
兵庫県神戸市中央区三宮町 3-1-7 （服部メガネ店内）
TEL：078-325-8578　　https://visiontraining.biz

Joy Vision 札幌
（放課後等デイサービス 天使のわ）
北海道札幌市北区北 7 条西 5-6-1
ストークマンション札幌 1008 号
TEL：070-5287-3600
http://angel-ring.jp

Joy Vision 岩手
（スマイルメガネ研究舎）
岩手県盛岡市大通り 2-8-14
MOSS ビル 2F
TEL：019-625-1242
http://horizon-silver.jp/jvi/jv_home

Joy Vision 新潟
（メガネのいたば店内）
新潟県長岡市来迎寺 3944
TEL：0258-92-5055
http://www.joyvision-niigata.com

Joy Vision 横浜
（アイケアシステム）
神奈川県横浜市港北区綱島西 3-1-18
ローレンシアハイツ 1F
（アイケアシステム内）
TEL：045-543-1071
http://joyvision-yokohama.com

Joy Vision 富士
（メガネの博宝堂）
静岡県富士市吉原 2-4-5
TEL：0545-52-1841
http://www.opt-hakuhodo.com/joyvision/

Joy Vision 愛知
（メガネの井上）
愛知県東海市富木島町向イ 147-1
花井ビル 1F
TEL：052-601-5810
http://jvaoptinoue.client.jp

Joy Vision 名古屋
（近藤メガネ相談室）
愛知県名古屋市熱田区南一番町 1-49
（熱田高校西・愛知機械南）
TEL：052-654-5580
http://kondomegane.com

Joy Vision 福井
（メガネのホープ）
福井県鯖江市住吉町 3-14-31
TEL：090-3887-1089

Joy Vision 京田辺
（サポーツ京田辺）
京都府京田辺市河原御影 30-8
新田辺デパート 2F（サポーツ京田辺内）
TEL：090-3941-1316
https://r.goope.jp/joyvisionktanabe

Joy Vision 南但
兵庫県養父市八鹿町八鹿 1894-1
TEL：090-8126-9948
https://joyvision-nt.jp

Joy Vision 奈良
（オプト松本）
奈良県橿原市常盤町 495-1
TEL：0744-35-4776
https://www.joyvisionnara.com

Joy Vision させぼ
（尚時堂）
長崎県北松浦郡佐々町本田原免 73-3
TEL：0956-63-2235
http://www.shojido.com

Joy Vision 大分
（メガネの豊福）
大分県臼杵市本町 5 組
TEL：0972-62-2970
https://toyofuku-megane.pupu.jp/

発達支援センター
ジョイナス中村橋駅前教室
東京都練馬区貫井 1-1-4
トレスリーオス 2F
TEL：03-5848-6484
http://hscjoinus.com/

放課後等デイサービス
アイムグループ
静岡県静岡市清水区
TEL：054-368-4362
https://win-co-ltd.com/children

株式会社 From Earth Kids
大阪府大東市諸福 1-12-12
TEL：072-872-1801
https://from-earth-kids.hp.peraichi.com/

ともともびじょん
兵庫県尼崎市大庄西町 1 丁目 9-10-2 階
TEL：080-3850-9889
https://www.tomotomovision.info/

ハグチャイルド
発育サポート教室
奈良県大和郡山市野垣内町 72-15
TEL：0743-84-8350
https://hugc.co.jp/index.html

株式会社エンジョイ
三重県鈴鹿市算所 1 丁目 14 番 33 号
TEL：059-379-5003
https://www.e-enjoy.co.jp

児童発達支援・放課後等
デイサービス
heath（ヒース）
広島県広島市中区舟入南 4-10-22
ピクトリービル 1F
TEL：070-4799-4498
https://www.heath-0501.com/

株式会社おきなわ edu
沖縄県那覇市首里石嶺町 4-366-1
TEL：098-943-2845
https://okinawa-edu.com/

視覚発達支援センター
千葉県浦安市入船 4-1-24
TEL：047-353-3017
http://www.ikushisya.com

大阪医科大学 LD センター
大阪府高槻市北園町 11-14
高槻北園町ビル 2F
TEL：072-684-6236
http://www.osaka-med.ac.jp/deps/ldc/

PART 4
実践！ ビジョントレーニング 読み書き・学習編

監修者 PROFILE

北出勝也（きたでかつや）

視機能トレーニングセンターJoy Vision　代表
米国オプトメトリー・ドクター

関西学院大学商学部卒業後、キクチ眼鏡専門学校を経て、米国パシフィック大学へ留学。検眼学（オプトメトリー）を学び、米国の国家資格「ドクター・オブ・オプトメトリー」を取得。帰国後、日本には数少ないオプトメトリストとして、見え方の悩みをもつ子どもやスポーツ選手の視覚機能の検査、トレーニング指導に従事。書籍の執筆や講演会、勉強会の講師など幅広く活躍している。兵庫県立特別支援教育センター相談員。著書・監修書に『学習・運動が好きになる 1日5分！ 眼と体を楽しく動かす ビジョントレーニング・ワークブック』『「眼の筋トレ」でスッキリ！よく見える！ 1日3分 ビジョントレーニング』（ナツメ社）、『学ぶことが大好きになるビジョントレーニング』（図書文化社）など多数。

一般社団法人　ビジョントレーニング®協会
資格認定講座
https://vision-training.org/

STAFF

カバーデザイン　カラノキデザイン制作室
本文・別冊ワークシートデザイン　川島 梓（WILL）
カバーイラスト　キムラみのる
本文イラスト　岡本典子・横山さおり・なかのまいこ
編集　安部優子・小菅由美子・小園まさみ・中越咲子（WILL）
小川由希子
DTP　川島 梓・新井麻衣子（WILL）
校正　中村 緑
編集担当　齋藤友里（ナツメ出版企画株式会社）

本書に関するお問い合わせは、書名・発行日・該当ページを明記の上、下記のいずれかの方法にてお送りください。電話でのお問い合わせはお受けしておりません。
・ナツメ社webサイトの問い合わせフォーム
　https://www.natsume.co.jp/contact
・FAX（03-3291-1305）
・郵送（下記、ナツメ出版企画株式会社宛て）
なお、回答までに日にちをいただく場合があります。正誤のお問い合わせ以外の書籍内容に関する解説・個別の相談は行っておりません。あらかじめご了承ください。

発達の気になる子の
学習・運動が楽しくなる ビジョントレーニング

2015年 5月29日　初版発行
2025年 5月10日　第30刷発行

監修者　北出勝也
発行者　田村正隆

Kitade Katsuya, 2015

発行所　株式会社ナツメ社
東京都千代田区神田神保町1-52 ナツメ社ビル1F（〒101-0051）
電話　03（3291）1257（代表）　FAX　03（3291）5761
振替　00130-1-58661

制　作　ナツメ出版企画株式会社
東京都千代田区神田神保町1-52 ナツメ社ビル3F（〒101-0051）
電話　03（3295）3921（代表）

印刷所　TOPPANクロレ株式会社

ISBN978-4-8163-5832-6

Printed in Japan

〈定価はカバーに表示しています〉
〈落丁・乱丁本はお取り替えします〉
本書の一部または全部を著作権法で定められている範囲を超え、ナツメ出版企画株式会社に無断で複写、複製、転載、データファイル化することを禁じます。

ナツメ社Webサイト
https://www.natsume.co.jp
書籍の最新情報（正誤情報を含む）はナツメ社Webサイトをご覧ください。

発達の気になる子の
学習・運動が楽しくなる

ビジョントレーニング

別冊ワークシート
worksheet

本書に掲載している
トレーニングで使用するワークシートです。
別冊を取り外し、
コピーしてお使い下さい。

ナツメ社

ブロックストリングス <基礎編>

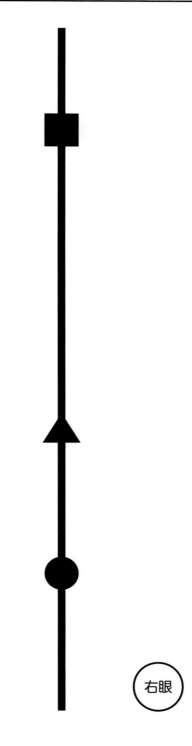

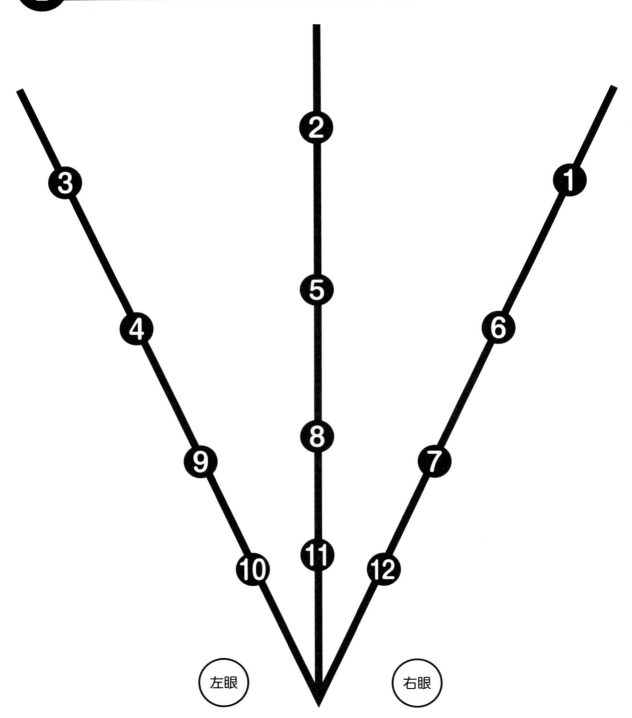

シート 3　３Ｄビジョン＜基礎編＞　P.64

①

②

③

シート 4 ３Ｄビジョン ＜応用編＞　　P.65

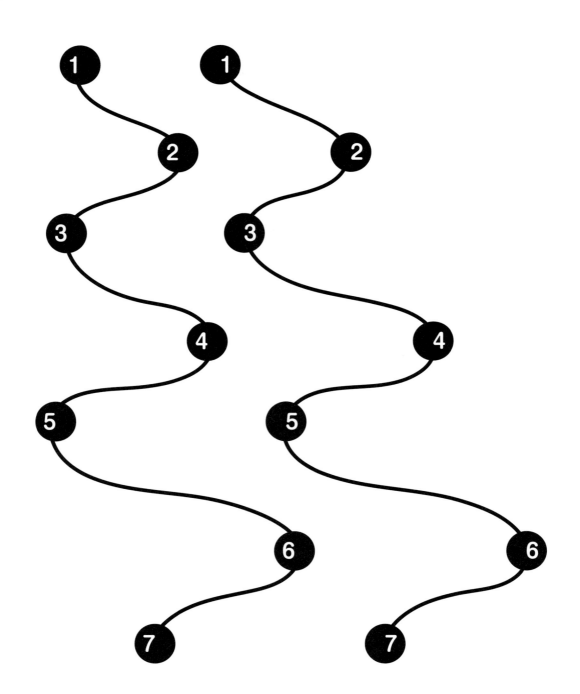

シート 5 テングラム・パズル <パズル型紙> ▶ P.66-67

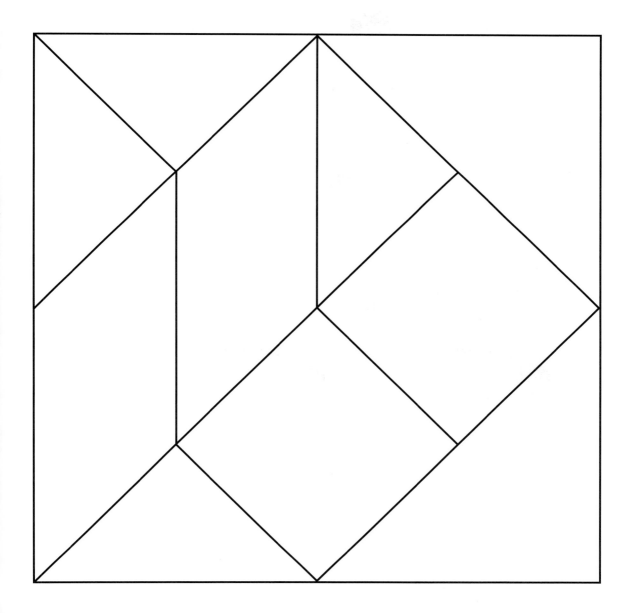

シート 6　テングラム・パズル ＜基礎編の見本＞　→ P.66

シート7 テングラム・パズル ＜応用編の見本＞　　P.67

シート 8 — スティック・パズル ＜パズル型紙＞ ➡ P.68-69

スティック・パズル　＜基礎編の見本＞

 P.68

シート 10 スティック・パズル ＜応用編の見本＞　P.69

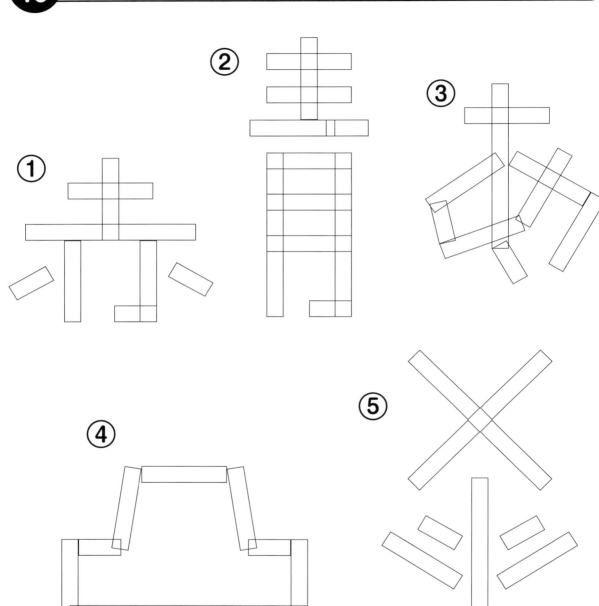

シート 11 じゃんけん体操 ＜基礎編の見本＞　P.78

シート 12 じゃんけん体操 ＜応用編の見本＞　P.79

まねっこゲーム ＜基礎編の見本＞　　P.80

Ⓐ →　　　　　　　　　　　　　　　　　　Ⓑ ↓

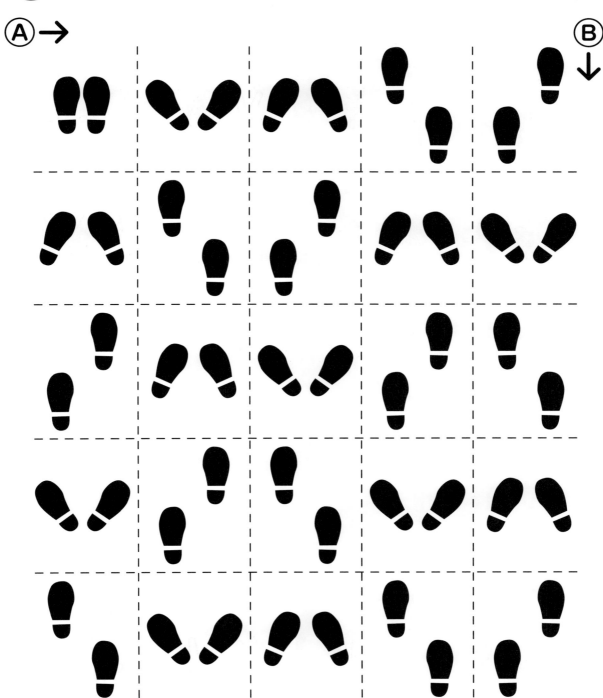

シート 14 まねっこゲーム ＜応用編の見本＞　　P.81

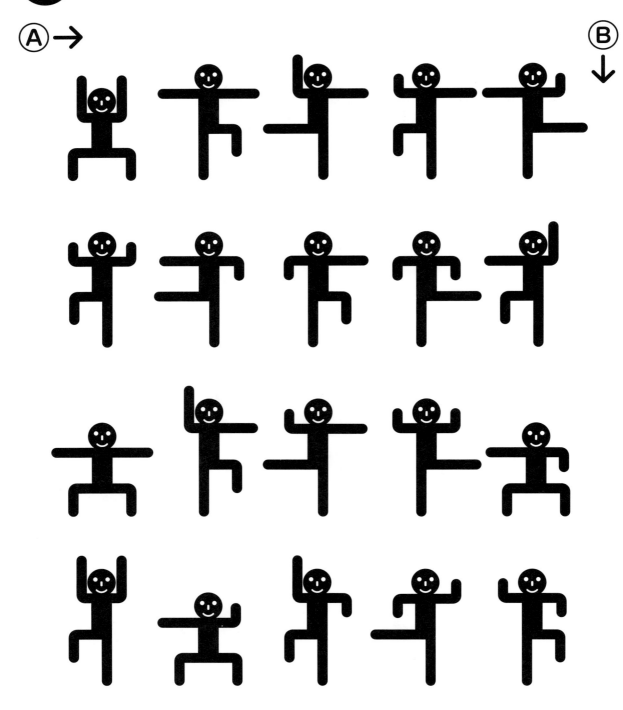

矢印体操 ＜基礎編の見本＞ P.82

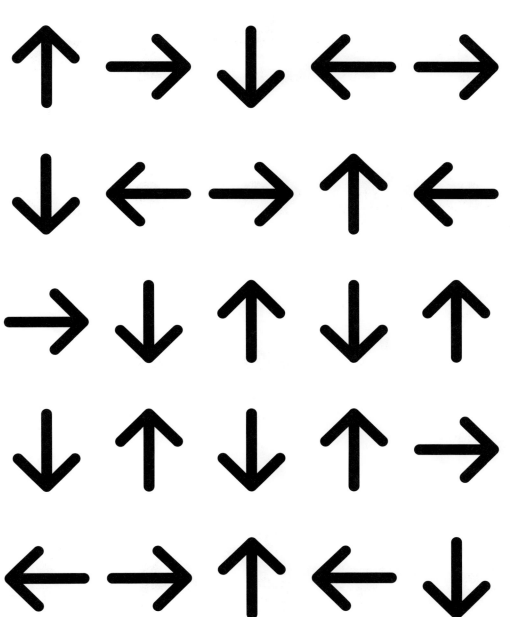

矢印体操 <応用編の見本> ➡ P.83

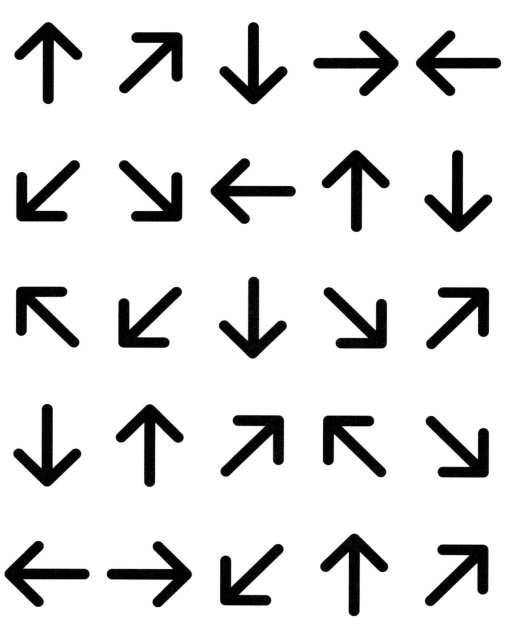

シート 17 — 線なぞり ＜基礎編＞　　P.92

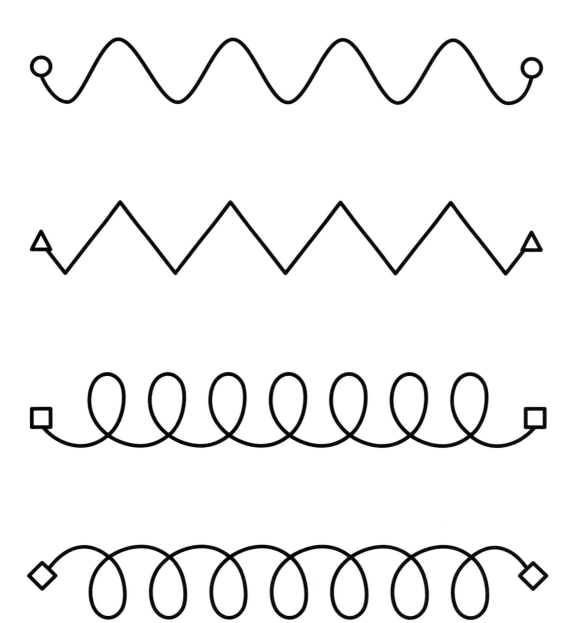

シート 18 　線なぞり ＜応用編＞　　P.93

シート 19 線めいろ ＜基礎編＞ → P.94

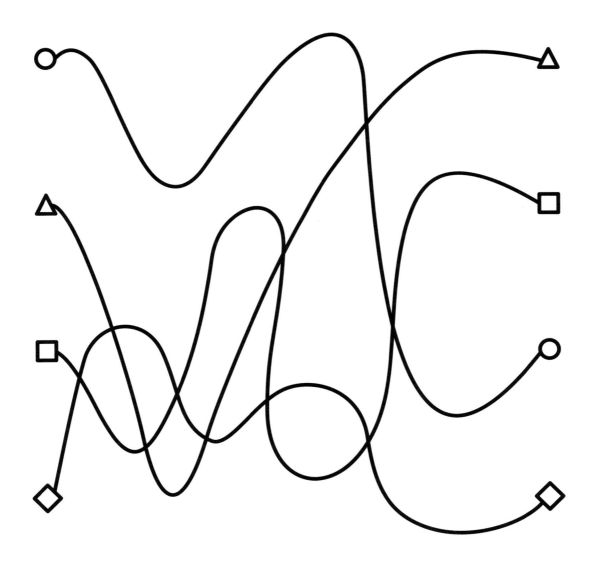

シート 20 — 線めいろ ＜応用編＞ P.95

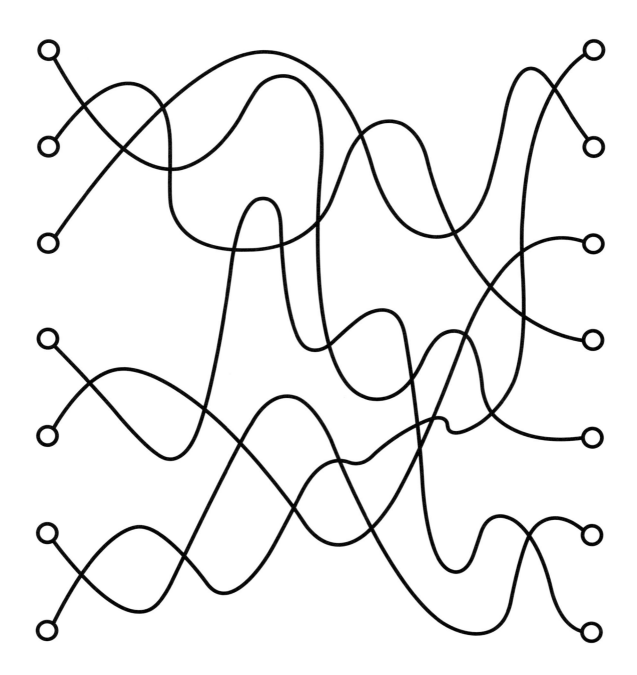

シート 21　ひらがなランダム読み ＜基礎編＞　→ P.96

Ⓐ →　　　　　　　　　　　　　　　　　　　　Ⓑ ↓

あ し も ね や く わ り れ こ そ
よ ひ る ふ き え た さ ま な ほ
た る し と れ て も ら お く あ
え め と し な ま き く じ ら い
お ん や き と り さ ろ ふ え さ
く な だ と わ ん う め が あ も
さ く ら も や た き よ り ね る
か の し て う し も か ま き り
こ と け な す を れ み そ せ き
ゆ え も ぐ ら も や た き よ り

シート22 ひらがなランダム読み ＜応用編＞　　P.97

Ⓐ→　　　　　　　　　　　　　　　　　　　　　　　　　Ⓑ↓

あしやねこれのそふくろきくたさまなしとれてもらお
くあえつとしなまきゆじるいおんさろふえさくなだと
わりうめがあもさくらもやたきよりねるかもめのして
うめもにことけなすをれみそせきゆえめくらもやりん
ごたきよりねるかのしてうめもにことけなすをれみそ
せきゆえめあくりこめまさたぬきとまぴれいたちろな
さかなけよをいるかねほきりんばさちねむじことらば
んてさくらめほなつさとりのるあちきえかいるさくら
みなはきつねよしまきめをひくもつわけあさくじらの
りたけてくじられんみらいはつけまたしかなのともよ
のきれとかいるほりてひりをそもつらえやとらあくみ
こめまなたぬきとまこいたろなけよをねきんばらねむ
いことぶてあほさらめまなさとりるもきつねえかいら
なはよしきめをびくもづきけさじのりけくれんらこつ
けさるましきつねかなおものぎとがいなべるほりぢみ
るをぜそもたらこつらねいろはにほにうさみぎやろん

シート **23** 数字ランダム読み ＜基礎編①＞ ➡ P.98

7 4 5 2 8 4 3 2 5 1 0

9 6 3 1 0 7 6 9 8 4 3

シート 24　数字ランダム読み ＜基礎編②＞　　➡ P.98

0	8
7	5
4	6
2	3
1	9
8	5
7	2
0	3
9	6
5	2
4	1

シート25 数字ランダム読み ＜応用編①＞　→ P.99

3	7	8	4	9
1	5	6	7	5
2	8	9	6	0
7	3	4	2	1
9	1	8	0	7
6	7	5	4	8
5	2	8	1	7
4	9	6	3	2
8	7	5	9	1
0	2	9	3	4
5	8	4	9	2
9	3	5	7	5
2	6	4	3	8

シート 26　数字ランダム読み ＜応用編②＞ → P.99

3	7	8	4	9
1	5	6	7	5
2	8	9	6	0
7	3	4	2	1
9	1	8	0	7
6	7	5	4	8
5	2	8	1	7
4	9	6	3	2
8	7	5	9	1
0	2	9	3	4
5	8	4	9	2
9	3	5	7	5
2	6	4	3	8

シート 27 数字探し ＜基礎編＞ P.100

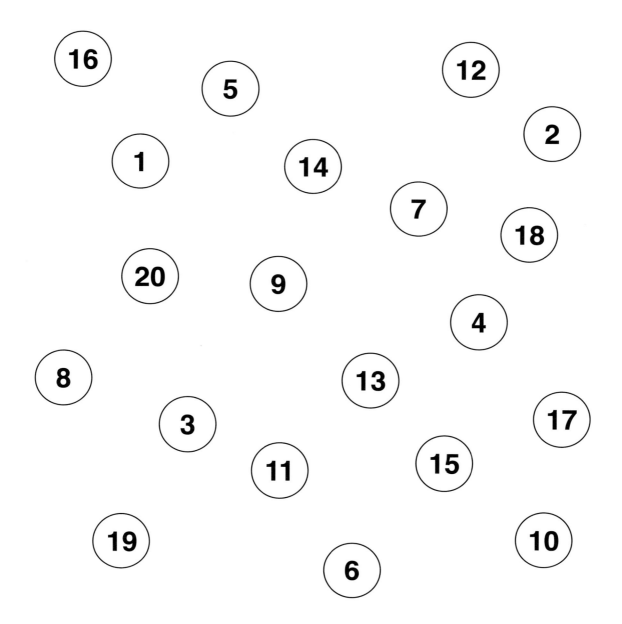

シート 28

数字探し ＜応用編＞

→ P.101

シート 29　数字探し ＜応用編　難易度アップ＞　P.101

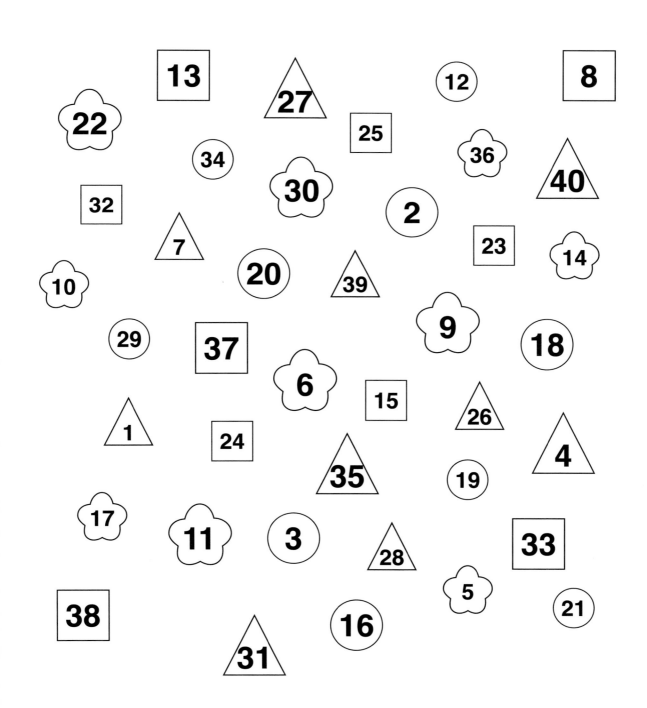

ひらがな表 ＜基礎編＞

Ⓐ →　　Ⓑ ↓

ち	ろ	こ	な	ま	た	い	さ	よ	れ	け
り	を	か	そ	る	み	な	も	ら	め	つ
て	だ	こ	め	ち	い	ば	す	さ	と	ら
つ	さ	い	と	ら	な	め	り	る	ま	の
の	き	の	あ	な	き	も	と	た	と	か
い	ば	ね	か	に	り	い	ち	む	ほ	ね
を	つ	し	く	よ	め	き	か	き	む	つ
り	た	ね	け	ま	は	じ	て	れ	く	み
ま	さ	く	れ	あ	め	こ	ぬ	ま	り	き
い	す	ち	ら	も	か	よ	ん	は	き	な
つ	け	み	ま	ひ	は	う	さ	か	に	し

ひらがな表 <応用編>

Ⓐ →   Ⓑ ↓

ち	ろ	こ		ま		い		よ		け
り	を		そ		み		も	ら	め	
	だ	こ		ち		ば		さ	と	ら
つ		い	と		な		り	る		の
	き	の		な		も	と		と	か
い	ば		か		り		ち	む	ほ	
を		し		よ		き	か	き		つ
り	た		け		は	じ		れ	く	
	さ	く		あ	め		ぬ		り	き
い		ち	ら	も		よ		は		な
つ	け		ま		は		さ		に	し

シート **32**　ひらがな表　＜書き写し用＞　　➡ P.103

シート 33 — 仲間を探せ❶ ＜基礎編＞ → P.104

97	65	42	34	49	52	32	43
17	25	13	56	98	63	48	27
96	57	76	39	92	71	54	36
72	53	68	95	43	74	56	19
63	59	87	30	84	69	21	26
81	79	47	58	67	18	91	75
83	70	33	55	29	37	45	82
16	82	40	52	99	85	77	59
41	38	90	34	66	88	33	93
12	26	86	60	78	98	44	22
35	16	24	64	83	96	14	26
20	11	25	61	42	50	21	73
62	76	51	80	23	31	15	89
94	46	59	42	65	98	72	32

シート 34　仲間を探せ❶　＜応用編＞　　→ P.105

7963	6718	5992	7468	8588	4931
3388	1810	5610	2002	2004	3803
6448	4165	2004	1998	7950	2903
1786	6217	1994	5290	2004	6790
4681	1988	8392	6099	7241	1349
7194	3481	6082	8588	9004	6392
8564	3718	6812	2004	8304	4167
6450	5450	7468	3645	3962	2905
9702	6718	3209	2810	2589	3940
6718	1233	1992	7209	9751	1493
9519	6375	1548	6179	6974	3998
6127	6718	8588	4034	8971	7481

シート **35** 仲間を探せ❷ <基礎編> ➡ P.106

シート 36 仲間を探せ❷ <応用編> → P.107

シート 37 仲間を探せ❷ ＜応用編　難易度アップ＞ P.107

シート 38　数字レース ＜基礎編＞　→ P.108

6 8 5 3 7 5 0 8 2 7 4

3 1 8 5 7 4 2 7 0 8 5

9 2 5 7 4 6 8 5 3 7 5

0 9 2 7 4 3 1 8 5 7 4

2 7 0 8 5 9 2 5 7 4 6

8 5 3 7 5 0 9 2 7 4 3

1 8 5 7 4 2 7 0 8 5 9

2 5 7 4 6 8 5 3 7 5 0

シート 39　　数字レース ＜応用編＞　　→ P.109

7	8	5	2	6	3	2
4	9	3	8	0	1	

9	3	6	4	5	2	1
7	2	0	8	9	3	

4	6	8	3	9	1	5
9	2	7	5	1	0	

3つの言葉　＜基礎編①＞

シート 40　　P.110

やく／わり／ほたる／あみ　ふたり／はなし／へそ　もち／おわり／のりまき　うみ／めいし／ふた

さら／せ／なか／あき　あいさつ／かわ／せなか　ひと／たたみ／くえ　はね／はさみ／いわ

さいふ／はね／みせ　まり／すいか／むし　のりもの／くえ／まめ　かわ／しろし／きつつき

れんこん／はな／むれ　いるか／ひかり／こま　もち／かまり／かた　くま／ほて／あひる

しろし／なまえ／ちかく　はなし／ひと　くき／なま／ねり／え　はさみ／うま／みんな

ぬま／みつ／あした　たぬき／かた／かなし／か　けし／きり／れんこん／はさみ　まと／しお／ちから

みせ／あひる／あさ　すいか／わに／ひまわり　けむり／けん　くすり／すみれ／ひろね　もやし／こ／てんき

いわ／ち／くわ／からす　かたち／けし／ふくろ　なまえ／あし／となり　すいか／すみれ／した／となり

さつまいも／つの／ふくろ　はかせ／くすり／す　つくし／はかせ／くに　かるた／そら／いえ

まるた／まつ／こっこ　つち／はし／せかい　ふくろ／あしこし　おや／きもち／かたち

かき／にわとり／もやし　うちわ／はこり／にもち　からっ／もやし　ひよこ／すいか／むし

くき／ねん／かみなり　ありまき／ませ　ときまた／あたまき／せなか　ゆき／こっき／かけら

せみ／いろ／へちま　たいきこ／ねん／えさ　くみ／おつかい／てし　そら／へちま／にもつ

シート41 3つの言葉 ＜基礎編②＞ → P.111

3つの言葉 ＜応用編①＞

シート 42 ↑ P.111

じょうぶだ ちょうちょうちん せいちょうじ さいっしょうけんめい

かいじゅうきゅうりやきゅう ひょうだんじゅうびれんしゅう

にゅうがくちきゅうどじょう まんじゅうきょうかしょうきゅう

うちゅうちゅうがくせいしょうか ちょうきゅうしょくてちょう

びょういんこんちゅうきょうれつ りょうてきょうしつじょうようしゃ

れんしゅうしょうていちょうちち ちゅういきゅうりにゅうがく

きゅうじつしょうしゅうしょうがつ しゅつじょうだちょうがくしゅう

きょうそうみょうじぴやきゅう そんちょうはくちょうじゅぎょう

ひょうだんしゃしょうぎょうれつ がっしょうがくしゅうきょう

ちゅうがえりちゅうしんしょうじしゃ にゅうじょうかいちゅうでんとうきゅうしょく

ペンギンブレヨントランプ パイナップルマラソンパズル

ビスケットボタンメダル サッカーカレンダーコロッケ

シャンプーサイレンウィンナー シーソーオルゴールハンバーグ

フライパンイヤリングストーブ フルーツサンドイッチコーヒー

ケチャップドーナッツロケット クリーニングボットケーキヨーグルト

ロボットピーナッツジャングル スケートニュースミキサー

クラリネットモノレールハムスター チャイムリズムチーズ

ワッペンピーマングローブ マラフーガンガルーキャンデー

チューリッププチケチャップモルモット ジャベルセーターズイッチ

シート43　文字の記憶　<応用編②>　P.111

シート 44 どこにいるかな？ ＜基礎編＞ → P.112-113

シート 45

どこにいるかな？ ＜応用編＞

P.114-115

シート 46 形のかけら ＜基礎編＞ P.116

見本

①   ②   ③   ④

①   ②   ③   ④

①   ②   ③   ④

①   ②   ③   ④

シート 47 — 形のかけら ＜応用編＞　P.117

見本

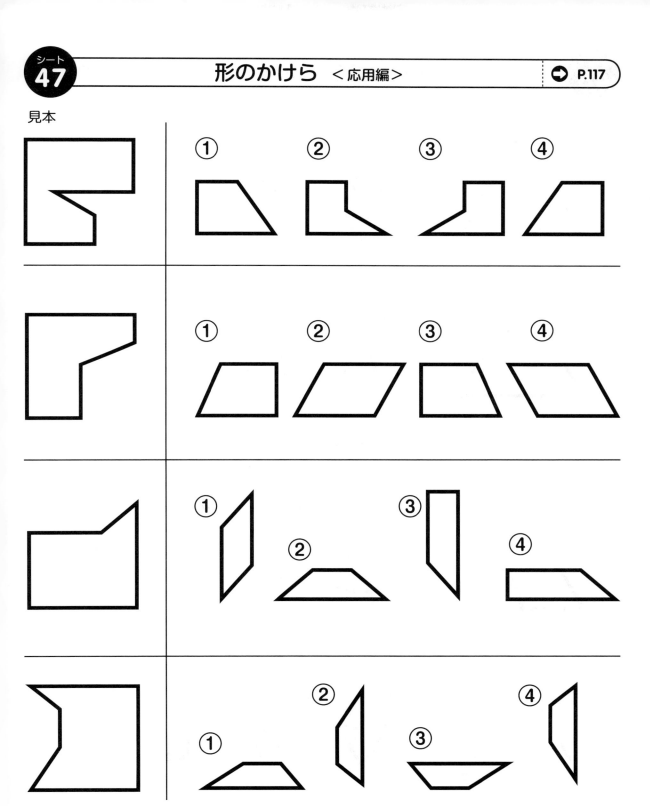

シート 48 形と順番の記憶 ＜基礎編の見本＞ ⮕ P.118

形と順番の記憶 ＜応用編の見本＞

形と場所の記憶 <基礎編>　　➡ P.120

見本

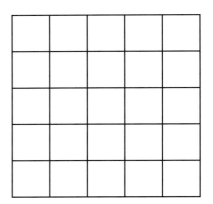

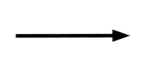

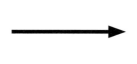

形と場所の記憶 <応用編>　　　P.121

見本

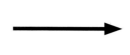

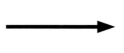

点つなぎ ＜基礎編①＞

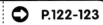

見本

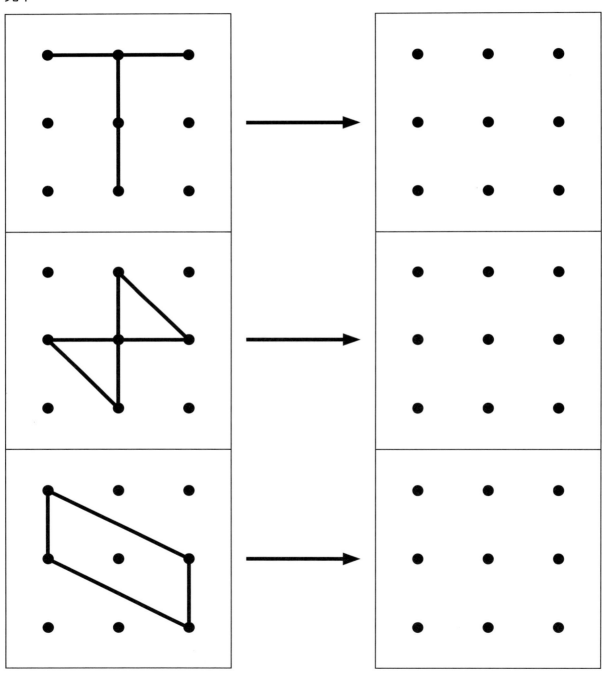

点つなぎ ＜基礎編②＞

見本

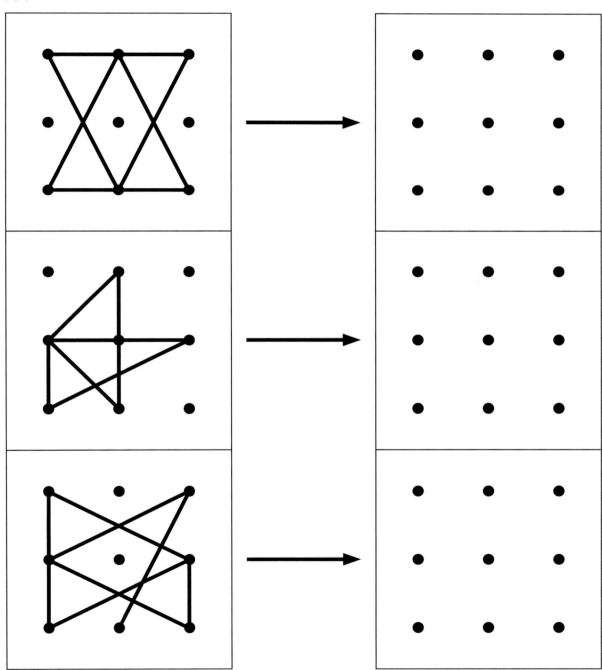

点つなぎ ＜応用編①＞　　P.124-125

見本

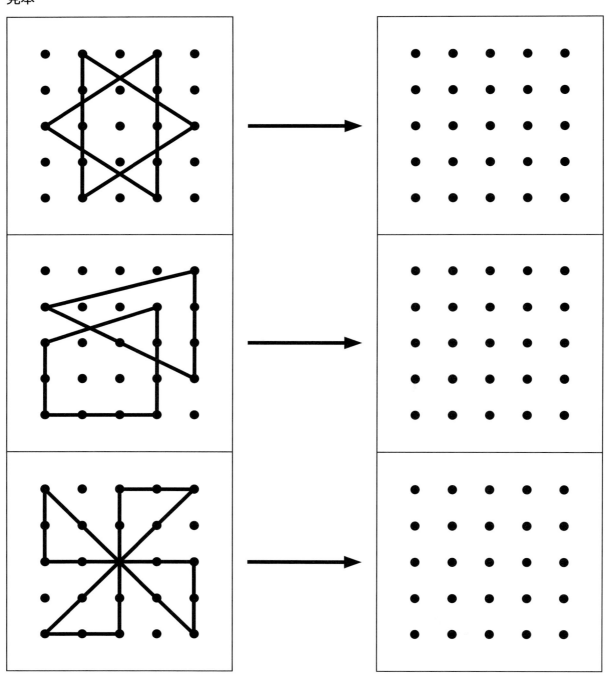

シート **55** 点つなぎ ＜応用編②＞ P.124-125

見本

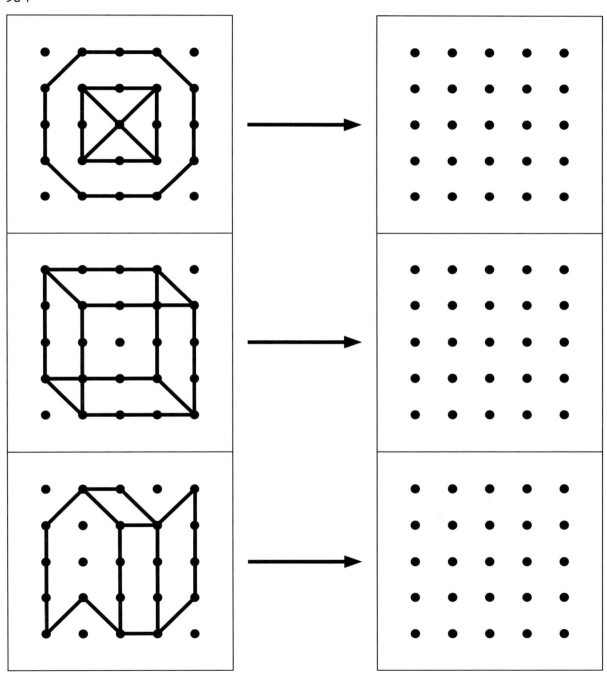

シート 56　点つなぎ　＜応用編③＞　P.124-125

見本

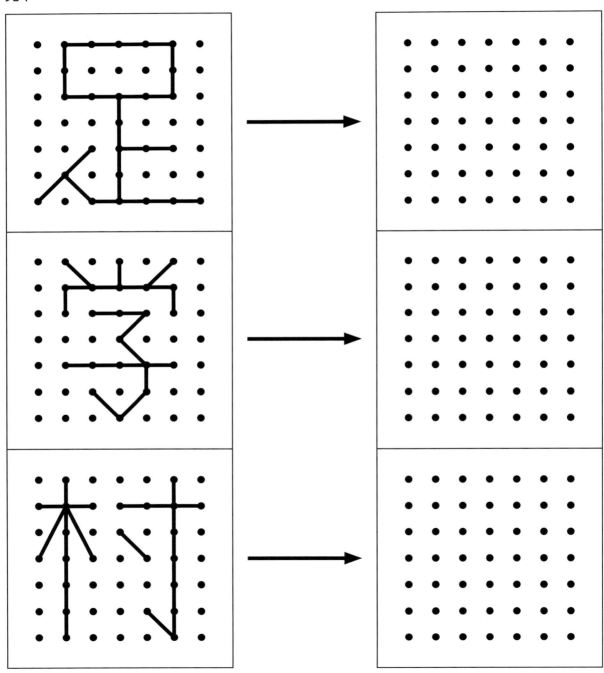